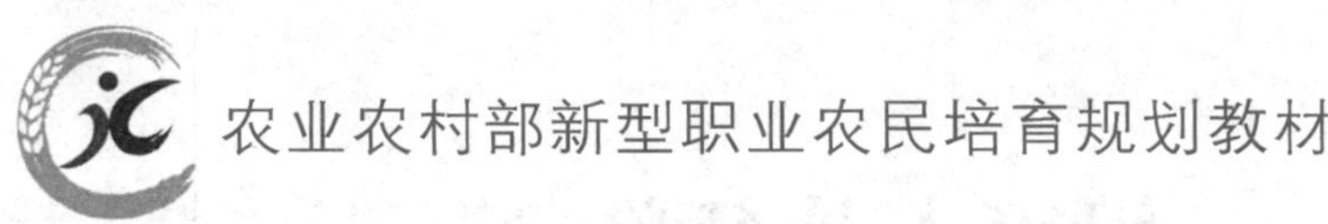
农业农村部新型职业农民培育规划教材

农村财务管理

中央农业广播电视学校　组编

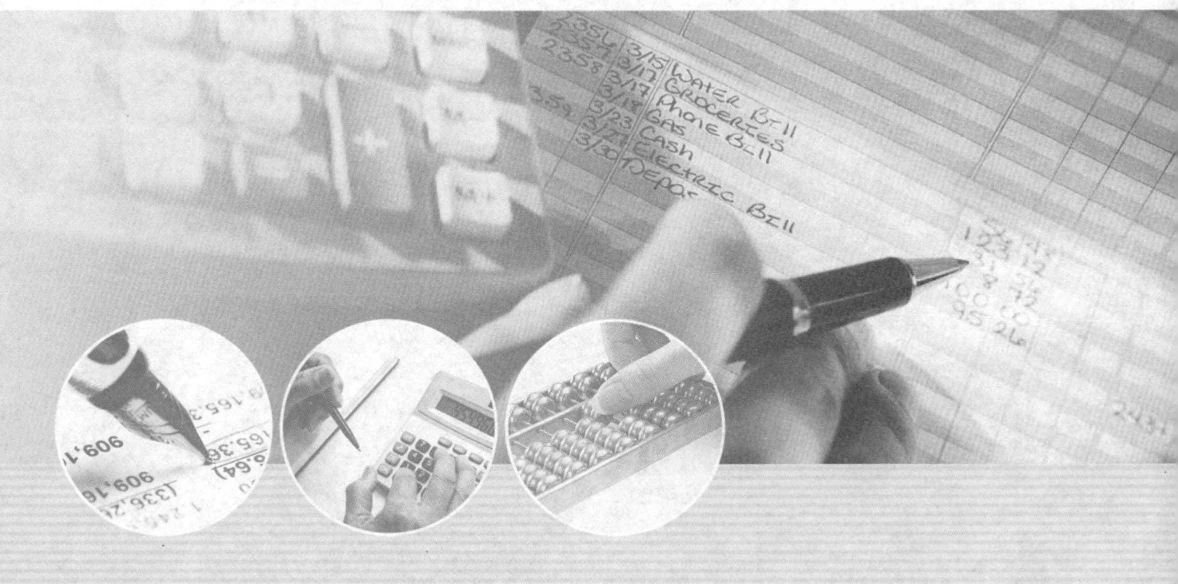

中国农业出版社

北　京

编审人员名单

主　　编　褚　颖　杨应杰

副 主 编　徐士珺　杨　君　郜广要

审　　稿　王艳鹏

指导教师　吕青青

编写说明

实施乡村振兴战略，是以习近平同志为核心的党中央从党和国家事业全局出发、着眼于实现“两个一百年”奋斗目标、顺应亿万农民对美好生活的期待，做出的重大决策部署，是决胜全面建成小康社会、全面建设社会主义现代化国家的重大历史任务。要实现乡村振兴“产业兴旺、生态宜居、乡风文明、治理有效、生活富裕”的总要求，迫切需要大力开展农民教育培训，大幅提升农民综合素质，大幅提升农民生产技能和经营管理水平以适应农业农村现代化要求。实践证明，教育培训是实施乡村人才振兴的关键环节和基础工作，是培养高素质现代农业生产经营队伍，促进农民增收的有效途径。为做好农民教育培训工作，保证质量，农业农村部对农民教育培训教材进行了整体规划，并委托中央农业广播电视学校组织编写了本套规划教材，供相关机构开展农民教育培训使用。

本套教材定位服务教育培训，强调理实结合、产教融合，突出实践性、针对性和时效性，在选题上立足现代农业发展和乡村全面振兴，选择农民教育培训所需的职业素养、政策法规、农业创业、经营管理、现代农业等通用知识和产业专业技能进行开发；在内容上针对不同类型农民的特点和需求，突出从种到收、从生产决策到产品营销全过程所需掌握的农业生产技术和经营管理能力；在体例上打破传统学科知识体系，以农业生产过程为导向构建编写体系，围绕生产过程和生产环节进行编写，实现教学过程与生产过程对接；在形式上按模块化编排，双色印刷，图文并茂，通俗易懂，利于激发农民学习兴趣。

《农村财务管理》是本套农民教育培训规划教材之一。本教材采用单元化编写形式。书中安排有正文、知识链接、案例和思考题等，具有较强的可读性。本教材由褚颖、杨应杰任主编，王艳鹏审稿，由吕青青担任指导教师，负责编写组织工作，并按照农民教育培训要求对教材进行审定。

由于编写时间不足、能力有限，本书难免存在疏漏之处，敬请广大读者批评指正。

中央农业广播电视学校

2019 年 6 月

目录

编写说明

第一单元　农村财务管理概述 …… 1

学习任务一　农村财务管理的内容 …… 1

一、农村财务管理的概念及作用 …… 1

二、农村财务管理的内容 …… 3

三、农村集体经济组织的财务关系 …… 4

学习任务二　农村财务管理的原则和方法 …… 5

一、农村财务管理的原则 …… 5

二、农村财务管理的方法体系 …… 7

第二单元　资金筹集管理 …… 11

学习任务一　资金筹集管理概述 …… 11

一、资金筹集渠道 …… 11

二、资金筹集方式 …… 13

三、资金筹集的原则 …… 18

学习任务二　资金需要量的预测方法 …… 18

一、定性预测法 …… 18

二、定量预测法 …… 19

学习任务三　资金时间价值的计算 …… 20

一、资金时间价值的含义 …… 20

二、资金时间价值的表现形式 …… 20

三、资金时间价值的计算 …… 21

学习任务四 资金成本的计算 …… 24
一、资金成本的概念及构成 …… 24
二、资金成本的作用 …… 25
三、资金成本的计算 …… 25
第三单元 流动资产管理 …… 31
学习任务一 认识流动资产 …… 31
一、流动资产的含义及特点 …… 31
二、流动资产的分类 …… 32
学习任务二 货币资金管理 …… 32
一、货币资金管理概述 …… 32
二、现金管理 …… 33
三、银行存款管理 …… 34
学习任务三 应收款项管理 …… 35
一、应收款项的作用 …… 35
二、应收款项形成的原因 …… 35
三、应收款项的管理 …… 36
学习任务四 存货管理 …… 37
一、存货的含义及内容 …… 37
二、存货的管理 …… 37
第四单元 固定资产管理 …… 50
学习任务一 认识固定资产 …… 50
一、固定资产的含义及特征 …… 50
二、固定资产的分类 …… 51
三、固定资产的计价 …… 52
学习任务二 固定资产折旧的计算 …… 54
一、固定资产折旧计提的范围 …… 54
二、固定资产折旧计提的依据 …… 55
三、固定资产折旧的计算方法 …… 55
学习任务三 固定资产的管理 …… 58

一、固定资产增加或减少的管理 …… 58
二、固定资产的日常管理 …… 59
第五单元 农业资产管理 …… 62
学习任务一 认识农业资产 …… 62
一、农业资产的含义 …… 62
二、农业资产的特征 …… 62
三、农业资产的计价 …… 63
学习任务二 牲畜（禽）资产管理 …… 64
一、牲畜（禽）资产的含义及分类 …… 64
二、牲畜（禽）资产的计价 …… 64
三、牲畜（禽）资产的管理 …… 65
学习任务三 林木资产管理 …… 65
一、林木资产的含义及分类 …… 65
二、林木资产的特点 …… 66
三、林木资产的计价 …… 66
四、林木资产的管理 …… 67
第六单元 农村集体资源管理 …… 70
学习任务一 认识农村集体资源 …… 70
一、农村集体资源的含义及特征 …… 70
二、农村集体资源的分类 …… 71
学习任务二 农村集体资源的管理 …… 71
一、加强农村集体资源管理的意义 …… 71
二、农村集体资源管理的原则 …… 72
三、农村集体资源管理的内容 …… 72
第七单元 投资管理 …… 75
学习任务一 投资管理概述 …… 75
一、投资的含义及分类 …… 75
二、企业投资的意义 …… 76
学习任务二 项目投资管理 …… 77

一、项目投资含义及特点 …… 77
二、项目投资的程序 …… 78
三、项目计算期的构成和项目资金构成内容 …… 79
四、现金流量分析 …… 80
学习任务三　项目投资决策的评价方法 …… 85
一、投资回收期法 …… 85
二、净现值法 …… 86
三、净现值率法 …… 88
四、内部收益率法 …… 88
第八单元　收入、支出和收益分配管理 …… 94
学习任务一　收入管理 …… 94
一、收入的含义及构成 …… 94
二、收入的确认 …… 95
三、收入的管理 …… 96
学习任务二　成本、费用支出管理 …… 101
一、成本、费用支出管理的内容 …… 101
二、成本、费用支出管理的要求 …… 102
三、成本、费用支出的管理 …… 104
学习任务三　收益及其分配的管理 …… 105
一、收益的构成 …… 105
二、收益分配的原则 …… 105
三、收益分配的内容及顺序 …… 106
四、收益分配的程序及实施 …… 108
第九单元　财务公开与民主理财 …… 113
学习任务一　财务公开与民主理财概述 …… 113
一、财务公开与民主理财的含义及关系 …… 113
二、实施财务公开与民主理财的意义 …… 114
三、建立村民主理财小组 …… 115
四、实施民主理财 …… 118

学习任务二　财务公开的监督 …… 119
一、财务公开的主要内容 …… 119
二、财务公开的程序 …… 121
三、财务公开的基本方法 …… 122
四、财务公开的实施和监督 …… 124

教学辅导大纲 …… 128
参考文献 …… 133
附录 …… 134
附表1　复利终值系数表 …… 134
附表2　复利现值系数表 …… 136
附表3　年金终值系数表 …… 138
附表4　年金现值系数表 …… 140

第一单元
农村财务管理概述

学习目标

1. 理解农村财务管理的概念及作用
2. 掌握农村财务管理的内容
3. 熟悉农村集体经济组织的财务关系
4. 掌握农村财务管理的原则及方法

学习任务

学习任务一　农村财务管理的内容

一、农村财务管理的概念及作用

（一）农村财务管理的概念

1. 农村集体经济组织　目前，我国农村实行的是以家庭承包经营为基础、统分结合的双层经营体制。农民以一家一户为单位从事生产活动，村民委员会是管理和经营农村集体经济活动、管理和服务农村社会事务，具备双重身份的基层群众性自治组织。

农村集体经济组织，就是在行政村范围内，按村和村民小组设置，由村民组织，主要生产资料属集体所有，以从事农业为主并为农民生产、生活服务的社区性生产经营组织。它实行集体统一经营和农民家庭经营相结合的双层经营体制。

农村集体经济组织都拥有一定的集体资产，包括：法律规定属于集体所有的土地，法律规定属于集体所有的森林、山岭、草原、荒地、滩涂等自然资源，集体经济组织财产，集体所有的建筑物、水库、农田水利设施和教育、科学、文化、卫生、体育等设施，集体所有的其他财产等。这些资产是农村集体经济发展和农民生产、生活所依赖的重要物质基础。农村集体经济组织行使着农村集体土地所有权、村办工业企业和其他财产的所有权，承担着使集体资产保值增值的任务，具有生产服务、管理协调、资源开发、兴办企业、资产积累等职能。为此，农村集体经济组织必须在守法经营的前提下，抓好财务管理工作，改善经营管理，提高经济效益，不断壮大集体经济实力，对集体资产实施全方位管理，促进农村经济社会全面协调发展。

2. 农村财务管理 农村财务管理是指对直接归农村集体经济组织所有、支配、管理的各种资产所发生的一切收入及其使用、分配等财务活动进行的核算、计划、监督、控制等管理工作。其基本任务是：贯彻和执行党和国家的财经政策与法令；加强农村财务管理和监督；管好用活集体资金，确保集体资产保值增值；积极筹集资金，增加生产经营资金的投入，扩大集体收入和积累，促进农村经济发展；搞好经济核算工作，搞好承包合同的签订，改善经营管理，努力增加收入，不断降低费用水平，提高经济效益；正确处理国家、集体、个人之间的经济利益关系和农村集体经济组织内部各行业、各经营层次之间的经济利益关系。

小贴士

本教材中的农村财务管理主要是指农村集体经济组织的财务管理。

（二）农村财务管理的作用

农村财务管理是促进农村集体资产保值增值的基础，是农村集体经济经营管理工作的重点和难点，涉及农民群众的切身利益，是广大农民群众普遍关心的热点问题。农村财务管理的好坏，直接关系到农村集体经济组织集体资产的安全与完整，关系到生产经营和管理服务工作能否正常开展，关系到生产要素的合理组合和利用，关系到能否正确处理农村集体经济组织内外各方面之间的经济利益关系，关系到调动广大村民群众的积极性，关系到农村集体经济组织能否发展壮大，关系到党群、干群关系的融洽及农村工作的顺利开展。因此，做好农村财务管理具有以下重要意义：

1. 是发展各业生产、切实提高经济效益的需要 财务管理的主要目标是提高经济效益。农村集体经济组织要发展各业生产，开发各种经济资源，迫切需要加强财务管理，管好用活集体资金，开拓生产资金的来源渠道，有效地利用现有的生产要素，增加各项生产经营和管理服务收入，降低各项费用支出水平，从而提高经济效益。

2. 是壮大农村集体经济、充分发挥农村集体经济组织统一职能的需要 农村集体经济组织以集体经济实力为基础，承担着统一服务、管理协调等职能。通过加强财务管理，积极帮助和指导所属单位和农户搞好生产经营，充分调动他们的生产积极性，正确处理好同他们的经济利益关系，从而确保农村集体经济组织集体统一经营服务职能的切实履行，确保集体资产的安全与完整，实现集体资产的保值增值，巩固壮大集体经济，维护集体经济组织及其成员的利益。

3. 是加强农村基层民主政治建设和廉政建设的需要 农村财务管理工作是根据党和国家的有关方针、政策、法规、制度开展的。农村财务管理搞好了，就能保证党和国家的方针、政策、法规、制度在农村的顺利贯彻落实。当前农村正在开展以村务公开为主要内容的基层民主政治建设，而村务公开的重点是财务公开。因此，开展农村基层民主政治建设离不开财务管理工作。同时，加强农村集体经济组织的财务管理，还有利于广大农村基层干部发扬艰苦朴素的优良传统，严明纪律，密切干群关系，带领广大村民群众共同致富，促进廉政建设和社会稳定。

二、农村财务管理的内容

农村财务管理的内容是由其资金运动的内容决定的。农村集体经济组织在生产过程中，为了维持正常的生产经营活动，就必须要筹集资金，并将所筹集到的资金投入到各个生产环节及能为其带来收益的各个方面。随着产品生产不断进行，资金被用于购置或建造固定资产、购买各种材料物资、支付劳动报酬等，形成各项成本、费用。同时，为了提高固定资产和流动资产等的使用效率，在日常的生产经营和管理服务中必须对其进行有效的管理，在资产管理中会发生各项资金收支。此外，农村集体经济组织通过产品销售和提供劳务获得经营收入，在抵补生产费用和缴纳税金后获得收益，并按规定对收益进行分配。因此，农村财务管理的主要内容包括筹资管理、投资管理、资金运用的管理和资金的回收与分配管理。

1. 筹资管理 农村集体经济组织要进行生产经营和管理服务活动，首先必须从多种渠道筹集资金，包括通过自身积累和从外单位、个人、国家吸收投资等取得的资金，以及通过向财政、银行、信用社和其他单位借款等方式吸收的借入资金。在筹资过程中，一方面要确定筹资的规模，以保证投资所需要的资金；另一方面还要考虑不同筹资渠道、筹资方式的选择，合理确定筹资结构，以降低筹资成本和风险。因此，筹资管理的内容主要包括筹资时间与筹资规模的确定、筹资渠道及筹资方式的选择等，确定最佳资金结构是关键。

2. 投资管理 农村集体经济组织取得资金后，必须将资金投入使用，以谋求最大的经济效益。农村集体经济组织投资包括固定资产投资和对其他企业直接投资。各种投资的风险程度不同，收益率也不同。财务管理人员在进行投资决策时，必须考虑风险与报酬的平衡问题，要对投资项目进行周密细致的可行性研究，选择最佳投资方式，评价投资的经济效益，以求减少风险，提高农村集体经济组织的收益。因此，投资管理的关键是选择最佳的投资方式和投资组合，以提高投资报酬率，降低投资风险。

3. 资金运用的管理 农村集体经济组织筹集的资金要通过购、建等过程，才能形成各种生产资料。一方面，通过购置或建造房屋、建筑物，购买机器、设备等固定资产，形成生产所必需的各种劳动手段；另一方面，通过购买种子、肥料、农药、材料等形成劳动对象。通过投入形成的资产在生产经营和管理服务过程中要进行营运使用。此外，还可以用各项资产对外投资，充分发挥资金的使用效益。

4. 资金的回收与分配管理 农村集体经济组织通过收获农产品和销售农副业产品等取得经营收入，通过承包合同和其他经济合同的结算兑现取得发包及上交收入，还可以取得投资收益和其他收入。这些收入中，除一部分用以弥补生产和管理服务耗费及亏损外，其余部分为收益总额，要按照国家政策的规定在国家、集体、个人之间进行分配。其中，按规定提留的部分，形成农村集体经济组织的自我积累，可以再投入生产周转；上缴国家的税金和向个人分配的利润，则从农村集体经济组织的资金运动过程中退出。

三、农村集体经济组织的财务关系

农村集体经济组织的财务关系，是指农村集体经济组织在组织财务活动过程中与各方面发生的经济利益关系。

1. 与投资者的财务关系 农村集体经济组织从各种投资者那里筹集资金进行经营服务活动，并将所实现的收益按投资者的出资额进行分配。投资者则要按投资合同、协议、章程的约定履行出资义务，以便形成集体企业的资本金。处理这种财务关系必须维护双方的合法权益。

2. 与债权人的财务关系　与债权人的财务关系是指农村集体经济组织向银行、信用社等金融机构或向其他单位借入资金，并按合同规定按时支付利息和偿还本金，以及在结算中向供货单位或个人支付各种款项等所形成的经济关系。这种财务关系体现的是债权与债务的关系。处理这种财务关系，必须体现有关各方的权利和义务，保障双方的权益。

3. 与被投资者的财务关系　农村集体经济组织为了充分有效地发挥资产的效能，可以将自身的财产向外单位投资，农村集体经济组织按约定履行出资义务后，有权参与被投资单位的利润分配。这种财务关系体现的是所有权性质的投资与接受投资的关系。处理这种财务关系必须维护双方的合法权益。

4. 与债务人的财务关系　农村集体经济组织将其资金以购买债券、提供贷款或商业信用等形式出借给其他单位或者个人后，有权要求债务人按约定的条件支付利息和偿还本金。这种财务关系体现的是债权与债务的关系。处理这种财务关系，要保证双方履行义务，保障双方的权利。

5. 与各承包（承租）单位、承包户的关系　农村集体经济组织与所属企事业单位、承包农户之间要发生承包款的支付和收取、利润上交、对内投资的投放以及其他内部往来结算；与外单位、个人承包者、承租者要发生发包及上交收入的收缴和其他资金结算。这种财务关系体现了农村集体经济组织内部各承包（承租）单位和部门之间，以及与各承包户之间的经济利益关系。处理这种财务关系，要建立健全内部管理责任制，充分调动各方面的生产积极性。

6. 与国家的财务关系　农村集体经济组织按规定向国家缴纳各种税金，体现了国家依法征税和农村集体依法纳税的权利和义务关系。同时，国家扶持农村集体的经济发展，以有偿或无偿方式拨给必要的生产经营资金，体现了国家对农村集体经济的扶持。

7. 与组织成员的财务关系　农村集体经济组织要把一部分收益按照组织成员提供的劳动量或股份等进行分配，同时在成员的上交款等方面与组织成员发生资金结算。这种财务关系体现了农村集体经济组织与组织成员的分配关系及结算关系。处理这种财务关系，要正确地执行收益分配政策。

学习任务二　农村财务管理的原则和方法

一、农村财务管理的原则

1. 正确处理国家、集体、个人三者之间的利益关系　农村财务管理直接涉及国家、集体、个人三者之间的利益关系，尤其是在收益分配方面。所以，必须按照国家在农村工作方面的有关方针、政策和法律、法规处理农村中的各项事务。要按照国家的有关财经法规和内部财务管理制度进行财务管理，保证农村及农村集体经济组织依法经营、依法理财，正确处理各方面的利益关系，使国家、农村集体和成员的利益不受侵犯。

2. 财务公开，民主管理 农村集体经济组织是集体所有制组织，集体经济组织成员是集体经济的主人，他们最了解集体经济情况，最关心自己的劳动成果，也最关心集体经济的发展壮大。因此，农村集体经济组织的每一项重大经济活动和财务事项都必须经过组织成员民主讨论决定，农村集体经济组织必须定期向村民公布账务情况，接受群众监督。只有这样，才能集思广益、群策群力，把农村财务管理搞好。

3. 资源合理配置 资源合理配置就是指通过资金活动的组织和调节来保证各项物质资源达到最优化的结构比例关系。农村财务管理是对农村集体经济组织全部资金的管理，而资金投放和使用的结果则形成农村集体经济组织各种各样的物质资源。各种物质资源总是要有一定的比例关系的，如对外投资与对内投资的构成比例、固定资产与流动资产的构成比例、债务资金与权益资金的构成比例等。只有农村集体经济组织资金配置合理、资源构成比例适当，才能保证生产经营活动顺畅运行并取得最佳的经济效益，否则就会危及供、产、销活动的协调发展。因此，资源合理配置是农村集体经济组织持续、高效经营必不可少的条件。

4. 收益风险均衡 收益风险均衡就是指在财务管理过程的各个方面、各个环节，既要追求较高的收益，又要避免太大的风险。一般来讲，获取收益是市场经济条件下农村集体经济组织经营的基本出发点，而风险则是由未来情况的不确定性所引起的，风险与收益总是相伴而生的。为了求得较大的利益，往往需要冒较大的风险，反之亦然。坚持收益风险均衡原则，要求农村集体经济组织既不能因片面追求最大收益而不顾风险、过于冒进，也不能因片面强调财务安全而过于保守、错失良机。

5. 统一管理与分散管理相结合 农村集体经济组织实行统一经营与分散经营相结合的双层经营体制，在财务管理上必须实行统一管理与分散管理相结合的管理体制。农村集体经济组织应对直接经营的生产项目和管理服务事项的财务活动实行统一管理，而对独立核算的企事业单位和承包农户等实行分散管理。坚持统一管理与分散管理相结合的原则，有利于提高农村财务工作效率，提高农村集体经济组织的经济效益。

6. 勤俭办事业 农村集体经济组织应当坚持勤俭办事业的原则，一方面要自力更生，艰苦奋斗，广开生产经营门路，搞好各业生产，增加收入；另一方面要厉行节约，反对铺张浪费。坚持这一原则，就能做到合理使用资金，加速资金周转，为农村集体经济发展创造有利的条件。

二、农村财务管理的方法体系

1. 财务预测 财务预测是指根据财务活动的历史资料，考虑现实市场供求状况和本地条件，对农村集体经济组织未来的财务活动和财务成果作出科学的预计和测算。科学的财务预测是进行财务决策、财务计划的前提。在农村经济市场化迅速发展的情况下，农村集体经济组织通过科学的财务预测，进行正确的决策和计划，使农产品供、产、销逐步实现专业化、规范化、系列化和高科技化，从而积极、有效地参与市场的激烈竞争。财务预测的作用在于：测算各项生产、种植、经营方案的经济效益，为决策提供可靠的依据；预计财务收支的发展变化情况，以确定经营目标；预计农村公共事业发展情况；确定各项定额和标准，为编制计划、分解计划指标提供服务。

2. 财务决策 财务决策是指财务人员在财务目标的总体要求下，通过专门的方法从各种备选方案中选择最佳方案的过程，具体包括确定决策目标、提出备选方案、确定最优方案等步骤。农村集体经济组织通过财务决策，在预测的基础上对各种方案进行科学的论证，做出有理有据的分析结论，确定预测的最优值，提出最佳方案，以便为集体、承包农户做选择提供依据。

3. 财务计划 财务计划工作是指运用科学的技术手段，对农村集体经济组织的经营目标进行综合平衡、制定主要计划指标、拟订增产节约措施，编制各项预算的过程。财务计划是落实目标和保证措施实施的必要环节，是财务预测所确定的经营目标的系统化、具体化，又是控制财务收支活动、分析和检查生产经营成果的依据。财务计划主要包括：财务收支平衡计划、固定资产购置或建造计划、农田基本建设及资源开发投资计划、定额流动资金及其来源计划、费用计划、收益分配计划、专款专用计划、“一事一议”筹资筹劳等。各类计划除了计划表格外，还要附列财务计划说明书。

4. 财务控制 财务控制是指在财务管理过程中，以计划任务和各项定额为依据，利用有关信息和特定手段，对资金的收入、支出、占用、耗费进行日常的计算和审核，以实现计划指标、提高经济效益。实行财务控制是落实计划任务、保证计划实现的有效措施，具体包括：财务控制的制定和分解、落实，财务控制的执行，财务控制差异的调整及分析、考核等。

5. 财务分析与评价 财务分析与评价是指根据相关信息资料，运用特定方法，对农村财务活动过程及其结果进行分析和评价的一项工作。农村集体经济组织财务分析的主要内容包括：经营能力和偿债能力分析、资产营运能力分析、收益能力分析、财务状况和资金实力分析、财务预算执行情况分析等。通过财务分析与评价，可以掌握各项财务计划的完成情况，了解财务状况，研究和掌握农村财务活动的特点和规律性，改善财务预测、决策、计划和控制，改善农村财务管理水平，提高经济效益。一般来说，财务分析与评价包括搜集信息资料、发现问题、找出差异、分析原因、提出措施、改进工作等步骤。财务分析的方法主要有比较分析法、比率分析法、趋势分析法和因素分析法等。

6. 财务检查与监督 财务检查与监督是指以财经法规、财务制度为准则，以财务与会计资料为依据，对财务活动的真实性、正确性、合理性、合法性进行有效查证、核实与监督的活动。财务检查与监督主要包括对财务管理制度、财务预算的执行情况、会计基础工作情况等的检查与监督。

财务检查与监督是保证农村集体经济组织的经济活动合理性、合法性、有效性的一种手段。农村财务活动往往涉及国家、集体、个人三者间利益关系的处理，关系到财经制度、财经法规的执行。通过财务检查，可以发现财务管理混乱、基础工作薄弱等方面的问题，还可以揭露挤占成本、挪用资金、提高支出标准、滥发奖金、截留收益、偷税漏税、弄虚作假、多报冒领等违法乱纪行为。通过财务监督，可以查明国家法律、法规和财经制度、财经纪律的执行情况，督促农村民主理财工作和财务公开更加完善和透明。财务检查与监督是维护国家财政收入、保证经济建设健康发展的必要措施。

单元小结

- 农村财务管理概述
  - 农村财务管理的内容
    - 农村财务管理的概念及作用
      - 概念
        - 农村集体经济组织
        - 农村财务管理
      - 作用
        - 是发展各业生产、切实提高经济效益的需要
        - 是壮大农村集体经济、充分发挥农村集体经济组织统一职能的需要
        - 是加强农村基层民主政治建设和廉政建设的需要
    - 农村财务管理的内容
      - 筹资管理
      - 投资管理
      - 资金运用的管理
      - 资金的回收与分配管理
    - 农村集体经济组织的财务关系
      - 与投资者的财务关系
      - 与债权人的财务关系
      - 与被投资者的财务关系
      - 与债务人的财务关系
      - 与各承包（承租）单位、承包户的关系
      - 与国家的财务关系
      - 与组织成员的财务关系
  - 农村财务管理的原则和方法
    - 农村财务管理的原则
      - 正确处理国家、集体、个人三者之间的利益关系
      - 财务公开，民主管理
      - 资源合理配置
      - 收益风险均衡
      - 统一管理与分散管理相结合
      - 勤俭办事业
    - 农村财务管理的方法体系
      - 财务预测
      - 财务决策
      - 财务计划
      - 财务控制
      - 财务分析与评价
      - 财务检查与监督

思考题

1. 农村财务管理的作用体现在哪些方面？
2. 农村财务管理包括哪些内容？
3. 农村集体经济组织的财务关系包括哪些内容？
4. 农村财务管理的原则和方法有哪些？

第二单元 资金筹集管理

学习目标

1. 了解资金筹集渠道及资金筹集方式
2. 掌握资金筹集的原则
3. 了解资金需要量的预测方法
4. 能正确计算资金时间价值
5. 能正确计算资金成本

学习任务

学习任务一　资金筹集管理概述

资金筹集是农村集体经济组织根据生产经营、对外投资和资本结构调整等活动对资金的需要，通过一定的渠道，采取适当的方式，获取所需资金的一种行为。资金筹集管理是农村财务管理的一项重要内容。资金筹集是农村集体经济组织理财的起点，是农村集体经济组织资金运用的前提，资金筹集的数量与结构直接影响农村集体经济组织效益的好坏。因此，农村集体经济组织经营管理者必须把握好何时需要资金、需要多少资金、以何种合理的方式取得资金。

一、资金筹集渠道

随着国家乡村振兴战略规划的开展，农村集体经济组织的自有资金已经不能满足经济社会发展的需要，需要从不同渠道寻找资金来源，改善农村的落后面貌。农村集体经济组织的资金筹集渠道除财政部门的补助、上级政府及社会团体的专项补助资金外，还有短期筹资、长期筹资、一事一议筹资、吸收外来投资等。此外，党中央提出要建立现代农村金融制度，放宽农村金融准入政策，加快建立农村金融体系。在这个政策的指引下，今后会有更多的信贷资金和社会资金投向农村，农村集体经济组织的资金筹集渠道和筹资机会将越来越多。

资金筹集渠道是指筹措资金的来源方向与通道，体现着资金的源泉和流量。目前，农村集体经济组织的资金筹集渠道主要包括以下几个方面：

1. 国家财政资金 国家财政资金是指国家以财政拨款形式投入农村集体经济组织并用于特定用途的资金。

2. 银行信贷资金 银行的各种贷款是我国目前农村集体经济组织重要的资金来源。我国银行分为商业性银行和政策性银行两种。商业银行是以盈利为目的从事信贷资金投放的金融机构，它主要为农村集体经济组织提供各种商业贷款。政策性银行则为特定单位提供政策性贷款。多样性的贷款方式可以满足农村集体经济组织的多种资金需要。

3. 非银行金融机构的资金 非银行金融机构主要是指信托投资公司、保险公司、租赁公司、证券公司、企业集团所属的财务公司等，它们所提供的各种金融服务既包括信贷资金投放，也包括证券承销等。非银行金融机构可以为一些农村集体经济组织直接提供部分资金和为农村集体经济组织筹集资金提供服务。

4. 其他企业、单位的资金 企业在生产经营过程中，往往形成部分暂时闲置的资金，并出于一定的目的而进行相互的投资活动。另外，企业间的购销业务可以通过商业信用方式来完成，从而形成企业间的债权债务关系。企业间的相互投资和商业信用的存在，使其他企业、单位的资金也成为农村集体经济组织资金的重要来源。

5. 民间闲置资金 村民和社会公众的结余货币，作为游离于银行和非银行金融机构之外的个人资金，为了获利，可用于对农村集体经济组织的投资，形成民间资金的来源渠道，从而为农村集体经济组织所利用。

6. 农村集体经济组织自留资金 农村集体经济组织自留资金是指集体经济组织内部形成的资金，也称为内部资金，主要包括计提的折旧费用、提取的公积金、公益金和未分配利润等而形成的资金。这些资金的重要特征之一是，它们无须农村集体经济组织通过一定的方式去筹集，而直接由农村集体经济组织内部自动生成或转移，是一种“自动化”的筹资渠道。

农村集体经济组织除了通过以上方式筹集资金，还可以从我国境外筹集资金，例如吸引外国投资者的投资、从境外的信贷机构取得贷款等。

二、资金筹集方式

资金筹集方式是指农村集体经济组织在筹措资金时所采用的具体形式。目前农村集体经济组织的筹资方式可以采用以下几种：吸收直接投资、利用留存利润筹资、向银行及非银行金融借款、“一事一议”资金与劳务的筹集等。

（一）吸收直接投资

农村集体经济组织根据国家有关法律、法规的规定，可以采取多种形式吸收直接投资。按照投资主体的不同，直接投资可分为国家直接投资，企业、事业等法人单位的直接投资，城乡居民和农村集体经济组织内部村民的直接投资，以及外商投资者的直接投资。直接投资包括现金投资和非现金投资。吸收直接投资能提高农村集体经济组织的资信和借款能力，能尽快形成生产经营能力。直接投资对于农村集体经济组织而言是没有财务风险的，可以被农村集体经济组织长期使用，不存在到期还本付息的义务。

吸收直接投资的程序有以下几个方面：

1. 确定吸收直接投资所需的资金数量 农村集体经济组织因新建或扩大经营规模而采取吸收直接投资方式时，必须明确资金的用途，进而合理确定直接投资的需要量及理想的资本结构。

2. 选择投资单位，商定投资数额和出资方式 农村集体经济组织应根据其生产经营活动的需要以及协议等规定选择资金的来源，决定应从国家、其他法人单位、个人还是外商等渠道吸收直接投资。筹资者既要广泛了解有关投资者的财力和意向，又要主动介绍自身的经营状况和盈利能力。投资单位确定后，双方可进行具体的协商，确定投资数额和出资方式。筹资者应尽可能鼓励投资者以现金投资，如果投资方确有先进的适合筹资者需要的固定资产和无形资产，也可采取非现金投资方式。

3. 签署投资协议、合同等文件 农村集体经济组织吸收直接投资时，投资双方经过协商，在出资方式和收益分配等多方面达成一致时，应当由有关方面签署投资合同或出资协议等文件，以明确双方的权利和义务。

4. 执行投资协议，取得资产 按照签署的决定、合同或协议，适时适量取得资金。对以实物资产和无形资产形式进行的投资，应进行合理估价，且与公允价值相一致，然后办理产权的转移手续，取得资产。

（二）利用留存利润筹资

留存利润筹资也叫内部积累，是指农村集体经济组织在利润分配过程中通过提取公积金、公益金和暂留未分配利润等方式将利润留给农村集体经济组织的筹资方式。

留存利润筹资方式不必办理各种手续，简便易行，而且无需支付筹资、用资费用，利于降低筹资成本，也可使投资者受益。留存利润在性质上属于自有资金，不用还本和支付利息，所以它能提高农村集体经济组织的资信和借款能力。从实践看，留存利润应成为农村集体经济组织最主要的筹资方式。根据我国现行法律规定，农村集体经济组织的税后利润，必须提取10%的法定盈余公积金和5%的法定公益金。农村集体经济组织还可以提取任意盈余公积金，只有提取公积金累积金额达到注册资本的50%时才可以不再计提，但没有规定最高限额。也就是说，我国法律鼓励把税后利润留给本单位使用。

（三）向银行及非银行金融机构借款

农村集体经济组织在生产经营过程中会不断地产生对资金的需要，除了可以筹措权益资金以外，还可以通过向银行及非银行金融机构借款以解决资金的不足。

1. 借款的种类 向银行及非银行金融机构借款，按期限长短可以分为长期借款和短期借款。

（1）长期借款。长期借款是指农村集体经济组织向银行或其他非银行金融机构借入的使用期超过一年的款项，主要用于购置或建设固定资产和满足长期流动资金占用的需要。

目前，固定资产借款按生产建设项目性质分类，可分为技术改造贷款和基本建设贷款。技术改造贷款是指银行对借款人用于为开发农业新产品、推广应用科技成果、提高农产品质量、降低消耗而购置技术改造项目的生产设备和必要的配套土建工程而发放的贷款。技术改造贷款期限一般不超过3年，最长不超过5年。基本建设贷款是指银行对借款人新建、改建或扩建生产建设项目，购置设备等发放的贷款。基本建设贷款期限一般不超过5年，最长不超过10年。

长期借款的特点是时间长，并且会在较长的时间内对农村集体经济组织的经营产生影响。长期借款需要的贷款金额较大，将来的还款压力也大，因此，需要农村集体经济组织事前作好借款的可行性研究，特别是经济效益的测算，还要经过领导集体决策和民主理财小组的审核，并对全体村民公示。

（2）短期借款。农村集体经济组织由于生产经营过程中短期的周转需要还要筹集短期资金，即短期借款。短期借款资金一般要在一年内偿还。短期借款筹资速度快，容易取得，筹资成本低，短期借款的利息支出低于长期负债筹资的利息支出。但短期借款筹资风险也高。一方面，由于短期借款的借款利息率总是随着市场利息率的变化而变化，波动比较大；另一方面，如果筹措的短期借款资金较多，当债务到期时，农村集体经济组织必须在短期内筹集大量的短期资金用以还债，非常容易因此陷入财务困难。

2. 借款的程序 短期借款和长期借款取得的程序基本相同。借款的程序是指借款过程中需要做的工作。要取得借款，农村集体经济组织应该做好以下几个方面的工作：

（1）提出借款申请。农村集体经济组织要向银行借入款项时，首先要按照银行的借款要求，向银行提出申请，填写借款申请表，并提供相关的资料。

（2）银行审查。银行接到借款申请后，要对农村集体经济组织的资信情况和申请表进行审查和了解，主要对农村集体经济组织的信用等级、财务状况、偿债能力、投资项目的经济效益等多方面进行必要审查，以决定是否对农村集体经济组织提供贷款。

（3）签订借款合同。为维护借贷双方的合法权益，保证资金合理使用，农村集体经济组织向银行借入资金时，双方必须签订借款合同，以明确借贷双方的权利、义务和经济责任。借款合同主要包括基本条款、保证条款、违约条款及其他附属条款等内容。

（4）农村集体经济组织取得贷款。借款合同签订后，银行应该按照合同规定向农村集体经济组织划拨借款。农村集体经济组织取得贷款后，要按照合同的规定使用贷款。

（5）归还贷款。在借款到期前，农村集体经济组织应该积极做好还款准备，并按期及时归还。

至此，整个借款的程序才算圆满结束。如果农村集体经济组织遇到特殊情况，确实不能按期归还借款时，还应提前向银行申请延期偿还贷款，说明情况，经银行审查同意后，可延长还款时间，但需办理展期还款手续，否则按贷款逾期处理。如果不提前到银行办理借款展期，往往会影响农村集体经济组织的银行信用，特别是贷款逾期被视为违约，将记入银行不良记录中，会严重影响农村集体经济组织的信誉，甚至影响其以后借款。

（四）"一事一议"资金与劳务的筹集

"一事一议"资金是指农村集体经济组织为了兴办村民受益的生产、公益事业，按照政策规定，经有关部门批准，向村民筹集的专项资金。“一事一议”筹资是现在农村集体经济组织举办公益事业的主要资金筹集渠道。实行“一事一议”，由村民会议或村民代表会议讨论决定。“一事一议”所筹资金和劳务，只能用于本村范围内的农田水利基本建设、植树造林、村级道路修建和维护、农村改水、农业综合开发等集体生产和公益事业，并符合村民会议或村民代表会议决定的使用事项。除此之外，任何单位和个人都不能以“一事一议”的名义向农民集资、收费或无偿让农民提供劳务。“一事一议”资金与劳务筹集的形式有筹资和筹劳两种。

1. “一事一议”资金与劳务筹集的原则

（1）民主决策、民主管理。“一事一议”筹资筹劳要在充分考察论证的基础上，按照法定程序，由村民会议或村民代表会议讨论决定，尊重农民的民主权利。“一事一议”资金与劳务的使用要公开合理，接受群众的监督。

（2）村民受益、量力而行。在“一事一议”筹资筹劳时，要充分考虑到农民的承受能力，特别是在农民增收困难的情况下。不能急功近利，要确保筹资筹劳的项目可以使出资农民受益，绝不能搞形象工程。

（3）事前预算、上限控制。对“一事一议”筹资筹劳的项目，要在充分论证的基础上，搞好过程预算，按需要筹资。一年内每人筹资额不得超过规定的上限，筹劳也不能超过规定上限。对一年内不能完成的项目要有计划地分期进行。

（4）专户储存、专款专用。“一事一议”所筹资金属村民集体所有，应纳入村级财务统一管理，实行村有乡管，由乡（镇）农村经营管理部门专户存储、单独核算、专款专用，实行基金式管理。“一事一议”所筹资金支出需经村民主理财小组代表签字，报乡（镇）农村经营管理部门审核批准，不得跨村使用，不准用于发放村干部报酬、村级招待费或其他支出。

2. “一事一议”资金与劳务筹集的程序

（1）编制项目预算草案。村民委员会组织“一事一议”筹资筹劳，应在广泛听取村民意见的基础上，提出适合议事范围的筹资筹劳预算草案。预算草案主要内容应包括建设项目、建设方式、投资概算、筹资筹劳额度、分摊办法和减免措施等。

（2）表决通过。预算草案一般应于每年年初提交村民会议或村民代表会议讨论表决。村民会议应由本村18周岁以上村民过半数参加，或者本村2/3以上的户的代表参加，所作决定应经到会人员的过半数通过。村民代表会议应由2/3以上的村民代表参加，所作决定应经到会人员的过半数同意。

（3）报批备案。村内“一事一议”筹资筹劳决定形成后，村民委员会应按规定填写由省级农民负担监督管理部门统一制定的农村集体生产、公益事业“一事一议”筹资筹劳申报审批表，并附农村集体生产、公益事业“一事一议”筹资筹劳村民（代表）会议决议等相关材料，报乡（镇）农村经营管理部门核实，然后由乡（镇）农村经营管理部门报乡（镇）人民政府审批，并报县级农民负担监督管理部门审核备案。

（4）张榜公布。乡（镇）农村经营管理部门监督村民委员会将批准的筹资筹劳项目、标准、数额填写到省级农民负担监督管理部门统一监制的农民负担监督卡上，并按审核批准的办法分解到户，及时在村务公开栏公示。没有填入农民负担监督卡的筹资筹劳项目，农民有权拒绝。

（5）“一事一议”筹资筹劳的收取。经批准的“一事一议”筹资筹劳项目，村民委员会要积极组织收取所筹资金，安排农民出工。村民除按规定享受减负的人员外，都要及时交纳资金，按时出劳。村民委员会要向出资、出劳的村民开具省级农民负担监督管理部门统一监制的收款凭证和用工凭证。

（6）“一事一议”筹资筹劳的使用和完成。“一事一议”项目所筹的资金必须按规定项目专户储存，按预算规定使用。项目实施完成后，村民委员会应在规定的期限内办结项目决算，向村民主理财小组和乡（镇）农村经营管理部门提交决算报告。决算报告经村民主理财小组审查通过和乡（镇）农村经营管理部门审定后，在村务公开栏公示。农民对决算报告有异议的，村民委员会或农村集体经济组织应负责解释。

3.“一事一议”资金与劳务筹集的监督管理 村级“一事一议”筹资筹劳应由各级人民政府的农民负担监督管理部门负责审计监督和管理。具体内容包括：根据有关法规、政策制定村级“一事一议”筹资筹劳具体办法，建立健全有关的制度并监督实施；指导村民委员会搞好筹资筹劳项目的论证和预算编制，包括项目是否符合规定、预算是否超过筹资筹劳的上限控制范围等；监督村民委员会按民主程序讨论通过筹资筹劳决定，审核筹资筹劳方案的合理性和合法性，并通过农民负担监督卡、专用收据和用工凭证等行使监督权；对所筹资金和劳务的管理使用情况实施监督、审计，对暂时不用的资金实行“村有乡管”，各乡（镇）不得调用、统筹所筹资金；查处“一事一议”筹资筹劳中的违规行为，对不顾农民承受能力、单纯追求政绩、借机加重农民负担的行为，以及有事不议、对确实需要办的生产公益事业推诿不办的行为，都要依照有关法规、制度严肃查处。

三、资金筹集的原则

1. 合法合规 农村集体经济组织必须遵守国家有关资金筹集的法规、制度，不准搞非法筹资，也不准搞摊派，加重农民负担。

2. 规模适当 农村集体经济组织不论通过什么渠道、采取什么方式筹集资金，都应根据经济发展的需要确定资金的合理需要量。筹资过多，会增加资金筹集费用，影响资金的利用效果；筹资过少，又会影响资金供应。因此，农村集体经济组织的财务人员要充分考虑各方面因素的影响，科学预测资金的需要量，合理确定筹资规模，以便合理安排资金的投放和回收，加速资金周转。

3. 及时筹集资金 财务人员应根据资金需求的具体情况，合理安排资金的筹集时间。资金是具有时间价值的。筹资过早，会造成资金闲置，增加资金成本；筹资滞后，就会错过资金投放的最佳时机。为了保证及时筹集资金，企业应制订并严格执行筹资计划，合理选择筹资渠道和筹资方式。

4. 优化资金结构 自有资金和借入资金要有合适的比例，长期资金和短期资金也应比例适当。资金筹集应注意这两个方面，以优化资金结构，减少财务风险。

学习任务二　资金需要量的预测方法

农村集体经济组织筹资的目的主要是满足生产经营活动的需要。而生产经营中究竟需要筹集多少资金，则应根据生产经营的规模和特点，考虑影响资金需要量的有关因素，采用科学的方法进行预测。

资金需要量预测的步骤是：①预测资金的需要总量；②挖掘内部潜力，掌握内部可利用的资金数量；③用资金的需要总量减去内部可利用的资金数量，确定从外部需要筹集的资金数量。

资金需要量的预测方法有定性预测法和定量预测法两大类。在实际工作中，通常以定性预测法为基础，结合定量预测法来预测企业的资金需要量。

一、定性预测法

定性预测法是根据过去有关的历史资料，充分分析影响农村集体经济组织未来经营资金需要量的有关因素，主要依靠预测人员的知识、经验和综合分析、判断、预见能力对农村集体经济组织未来的资金需要量进行预测的方法。这种方法适用于农村集体经济组织在缺乏完备、充分的历史资料的情况下进行资金需要量的预测。

二、定量预测法

农村集体经济组织资金需要量是筹集资金的数量依据，必须科学、合理地加以预测。定量预测法是根据影响资金需要量的有关因素与资金需要量之间的数量关系，建立数学模型来对资金需要量进行预测的方法。定量预测法方法有很多，最常用的是销售百分比预测法和线性回归分析法。

1. 销售百分比预测法 销售百分比预测法是根据销售额与资产负债表和利润表有关项目之间的比例关系，预测各种短期资金需要量的一种方法。在某项目占销售额的比例既定的条件下，便可预测在未来一定销售额下该项目的资金需要量。销售百分比预测法的公式为：

资金需求量＝资产的增加额－负债的增加额－留存收益的增加额

2. 线性回归分析法 线性回归分析法又称资金习性预测法，是假定资金需要量与业务量之间存在着线性关系，在建立数学模型后，根据有关财务管理的历史资料，用回归直线方程确定参数来预测资金需要量的方法。其预测模型为：

$$y = a + bx$$

式中：y 表示资金需要量；a 表示一定业务量范围内的不变资金；b 表示一定业务量范围内单位业务量所需要的变动资金；x 表示业务量。

不变资金是指在一定的营业规模内，不随业务量增减而变动的资金，主要包括维持营业所需要的最低数额的现金、应收账款和存货，以及固定资产占用的资金。变动资金是指随着业务量的变动而同幅度、同方向变动的资金，包括在最低储备以外的现金、存货、应收账款等所占用的资金。

利用历史资料，通过该预测模型确定 a、b 的数值以后，即可预测一定业务量 x 所需要的资金数量 y。

小贴士

运用线性回归法应具备两个条件：①资金需要量与业务量之间确实存在着线性关系；②农村集体经济组织保存有连续几年的历史资料，一般要有三年以上的资料。

学习任务三　资金时间价值的计算

一、资金时间价值的含义

资金的时间价值与投资的风险价值，是现代财务管理两个最基本的观念。企业的一切财务活动如筹资、投资等都是在特定的时间条件下进行的，离开了时间就无法正确地计算资金的流入和流出数量。所谓资金的时间价值，是指一定量的资金在生产流通过程中随着时间推移而产生的增值，即一定量的资金在不同时点上的价值量的差额。

一定量的货币资金在不同时点上具有不同的价值。也就是说，今天收到一定金额的资金要比一年后收到同等金额的资金更有价值，因为今天收到的资金可以较早地投资获利。例如，某人现在将 10 000 元钱存入银行，定期一年，如果银行一年期存款利息率为 3%，一年后可得到 10 300 元。由此可见，这 10 000 元经过一年时间的投资，增加了 300 元，这 300 元就是 10 000 元一年的时间价值。换句话说，现在的 10 000 元钱和一年后的 10 300 元等值。人们将资金在使用过程中随时间的推移而发生增值的现象称为资金具有时间价值的属性。这 300 元的增值，就是资金的时间价值。

综上所述，资金之所以在一定时期内发生了增值，是因为将其进行了投资。如果没有投资，资金永远也不会产生增值。资金使用者把资金投入生产经营以后，劳动者借以生产新产品，创造新价值，带来利润，从而实现增值。资金周转使用的时间越长，所获得的利润越多，实现的增值额越大。从本质上说，资金的时间价值不是由时间创造的，是资金在周转使用过程中产生的，是资金所有者让渡资金使用权而参与社会财富分配的一种形式。

二、资金时间价值的表现形式

利息是资金时间价值的一种重要表现形式。资金时间价值的具体表现形式通常有绝对数（利息额）和相对数（利息率）两种。利息额是衡量资金时间价值的绝对尺度，利息率（以下简称“利率”）是衡量资金时间价值的相对尺度。由于资金时间价值的存在，不同时点上的资金就不能直接比较，必须换算到相同的时点上才能比较。资金的时间价值通常采取利息的形式，因此按计算利息的方式不同，资金时间价值的计算有单利和复利两种计算方法。

资金时间价值的实际内容是社会资金利润率。各种形式的利率（贷款利率、股利率、债券利率等）水平是根据社会资金利润率确定的。一般来说，利率不仅包括资金时间价值因素，还包括风险价值和通货膨胀因素。作为资金时间价值表现形式的利率，应以社会平均资金利润率为基础，而又应高于这种资金利润率。

三、资金时间价值的计算

（一）单利的计算

所谓单利，是指只对本金计算利息，所生利息不再加入本金重复计算利息。也就是说，无论时间多长，只有本金产生利息，利息不再产生利息。

1. 单利利息的计算 单利利息计算公式为：

$$I=P\cdot i\cdot n$$

式中：I 表示利息；P 表示现值；i 表示利率；n 表示计息期。

【例 2-1】小陈将 20 000 元存入银行，期限 5 年。假设存款年利率 6%，按单利计算，5 年后可获得多少利息？

解：根据单利利息计算公式可得

$$I=P\cdot i\cdot n=20\ 000\times 6\%\times 5=6\ 000(\text{元})$$

在计算利息时，除非特别指明，给出的利率一般是年利率。对于不足 1 年的利息，以 1 年等于 360 天来折算。

2. 单利终值的计算 单利终值是指现在一定量的资金按单利计算的未来价值。其计算公式为：

$$F=P(1+i\cdot n)$$

式中：F 表示终值。

【例 2-2】接例 2-1，5 年后此人获得的终值为多少？

解：5 年后所获的终值为

$$F=P(1+i\cdot n)=20\ 000\times(1+6\%\times 5)=26\ 000(\text{元})$$

3. 单利现值的计算 单利现值是指若干期后一定量的资金按单利计算的现在价值。单利现值可以利用终值求出。单利现值的计算公式为：

$$p=\frac{F}{1+i\cdot n}$$

【例 2-3】小张计划在 5 年后用 600 000 元购置一套商品房，假设银行年利率为 10%，则现在应存入银行多少钱？

解：据单利现值计算公式

$$P=\frac{F}{1+i\cdot n}=\frac{600\ 000}{1+10\%\times 5}=400\ 000(元)$$

（二）复利的计算

所谓复利，是指在计算利息时，每经过一个计息期，要将所生利息加入本金再计利息，逐期滚算，俗称“利滚利”。这里所说的计息期，是指相邻两次计息的时间间隔，如年、月、日等。同样，在计算复利利息时，除非特别指明，给出的利率一般是年利率。对于不足 1 年的利息，以 1 年等于 360 天来折算。复利法是国际上目前普遍采用的利息计算方法。

1. 复利终值的计算　复利终值是指一定量的本金按复利计算若干期后的本利和。复利终值的计算公式为：

$$F=P(1+i)^n$$

式中：F 表示终值；P 表示本金或现值；n 表示计息期；$(1+i)^n$ 表示复利终值系数。

小贴士

复利终值系数 $(1+i)^n$，用符号 $(F/P, i, n)$ 表示。

在实际工作中，为便于计算，可编制“复利终值系数表”（附表 1），以备查阅。该表第一行是利率，第一列是计息期数，相应的 $(1+i)^n$ 值在其纵横相交处。

【例 2-4】假设某人现在将 50 000 元存入银行，年利率 5%，复利计息，问 10 年后复利终值为多少？

解：由题意得知，$P=50\ 000$，$i=5\%$，$n=10$，查“复利终值系数表”（附表 1）得出，$(F/P, 5\%, 10)=1.628\ 9$，则 10 年后可获得的复利终值为

$F=P(1+i)^n=50\ 000\times 1.628\ 9=81\ 445$（元）

2. 复利现值的计算　复利现值是指未来一定时期的收入或支出资金按复利计算现在的价值。复利现值计算，是指根据已知的 F、i、n 求 P。由复利终值计算公式 $F=P(1+i)^n$ 可得：

$$P=\frac{F}{(1+i)^n}=F(1+i)^{-n}$$

式中：$(1+i)^{-n}$ 表示复利现值系数。

小贴士

复利现值系数 $(1+i)^{-n}$，用符号 $(P/F, i, n)$ 表示。

复利现值系数可直接通过“复利现值系数表”（附表 2）查出，是复利终值系数的倒数。该表的使用方法与“复利终值系数表”相同。

【例 2-5】某公司现有一个投资项目，预计 5 年后可获得 800 000 元，若投资报酬率为 10%，试问该公司现在应投资多少钱？

解：根据公式

$$P = F(1+i)^{-n} = 800\ 000 \times (P/F,\ 10\%,\ 5)$$
$$= 800\ 000 \times 0.620\ 9 = 496\ 720\ (元)$$

因此，该公司现在应投资 496 720 元。

（三）年金的计算

年金是指在相等间隔期内收到或付出的等额系列款项。例如，折旧、利息、租金、养老金、保险费等通常表现为年金形式。按照收付的次数和支付的时间划分，年金可分为普通年金、预付年金、递延年金和永续年金四类。普通年金是指每期期末等额收付款项的年金，也称为后付年金；预付年金是指每期期初等额收付款项的年金，也称为先付年金；递延年金是指距期初若干期以后发生的每期期末等额收付款项的年金；永续年金是指无期限连续等额收付款项的年金。不论是哪种年金，都采用复利计息方式。在财务管理中讲到的年金，一般是指普通年金。

1. 普通年金终值的计算 普通年金是指各期期末收付的年金。普通年金终值是指一定时期内每期期末等额收付款项的复利终值之和，计算公式如下：

$$F_A = A \cdot \frac{(1+i)^n - 1}{i}$$

式中：F_A 表示年金终值；$\frac{(1+i)^n - 1}{i}$ 表示年金终值系数。

小贴士

年金终值系数 $\frac{(1+i)^n-1}{i}$，用符号 $(F/A, i, n)$ 表示。

年金终值系数可以通过查“年金终值系数表”（附表 3）获得。该表的第一行是利率 i，第一列是计息期数 n。相应的年金系数在其纵横交叉之处。

【例 2-6】小王为供孩子上大学，定期在每年年末存入银行 10 000 元，若年利率为 5%，则 10 年后这笔钱是多少？

解：根据公式

$$F_A=A\ (F/A,\ i,\ n)\ =10\ 000\times\ (F/A,\ 5\%,\ 10)$$
$$=10\ 000\times 12.577\ 9=125\ 779\ (元)$$

2. 普通年金现值的计算 普通年金现值是指一定时期内每期期末等额收付款的复利现值之和，或者说为在一定时期内每期期末取得相等金额的款项，现在需要投入的金额。其计算公式为：

$$P_A=A\cdot\frac{1-(1+i)^{-n}}{i}$$

式中：P_A 表示年金现值；$\frac{1-\ (1+i)^{-n}}{i}$表示年金现值系数。

小贴士

年金现值系数$\frac{1-\ (1+i)^{-n}}{i}$，用符号（P/A，i，n）表示。

年金现值系数可以通过查“年金现值系数表”（附表 4）获得。

【例 2-7】某人在今后的 10 年内，每年年末需要支付保险费 2 000 元，假设银行年利率为 5%，则现在此人应一次存入银行多少钱？

解：根据公式

$$P_A=A(P/A,\ i,\ n)=2\ 000\times(P/A,\ 5\%,\ 10)$$
$$=2\ 000\times 7.\ 721\ 7=15\ 443.\ 4\ (元)$$

学习任务四 资金成本的计算

一、资金成本的概念及构成

在市场经济条件下，企业不论通过何种筹资渠道以什么方式取得资金，都是有偿的，需要承担一定的成本，付出一定的代价。资金成本就是企业为取得资金而支付的各种费用，包括资金筹集费用和资金占用费用两部分。

1. 资金筹集费用 资金筹集费用是指企业在筹集资金过程中发生的各种费用，主要包括手续费、代理发行费、印刷费、律师费和广告费等。它的大小主要取决于企业筹资环境及财务关系的优劣。资金筹集费用一般是一次性发生的，所以在计算资金成本时可以作为筹资金额的抵减项予以扣除。

2. 资金占用费用 资金占用费用是指资金使用者支付给所有者的使用报酬，如贷款利息等。资金占用费用一般与所筹资金数额的大小以及资金使用时间的长短有关，它是资金成本的主要内容。

在不同的条件下，企业以不同方式筹集资金所付的代价一般不会相等，所以企业的总资金成本是各项个别资金成本的总和。

二、资金成本的作用

资金成本是企业筹资管理的一个重要概念。资金成本对于企业筹资管理、投资管理乃至整个财务管理和经营管理都有重要的作用。

1. 资金成本是比较筹资方式、选择筹资方案的主要依据 企业可以通过股票、债券、贷款、留存利润等方式筹资。不同的资金来源，其成本是不同的。各种不同来源资金的比例也影响企业综合资金成本率的大小。企业必须分析各种筹资渠道和方式的资金成本，并进行合理的配置，以提高资金的使用效果。在其他条件相同时，企业筹资应选择资金成本率最低的方式。

2. 资金成本是评价投资项目可行性的主要标准 资金成本是企业对投入的资本所要求的最低必要报酬率。任何投资项目，如果它预期的投资报酬率超过该项目使用资金的资金成本率，则该项目在经济上就是可行的。因此，资金成本率是企业用以确定项目要求达到的投资报酬率的最低标准。

3. 综合资金成本是衡量资本结构是否合理的重要依据 企业财务管理的目标是企业价值最大化。企业价值是企业资产带来的未来经济利益的现值，计算现值时所采用的贴现率通常会选择企业的加权平均资金成本。当加权平均资金成本最低时，企业价值最大，此时的资本结构是企业理想的最佳资本结构。

4. 资金成本是评价企业经营成果的依据 资金成本是衡量企业投资收益的最低标准，企业任何一项投资的收益率都必须大于其资金成本，才能补偿企业使用资金所支付的成本。因此，资金成本就成为衡量企业经营成果的最低标准。

三、资金成本的计算

（一）个别资金成本的计算

个别资金成本是指各种筹资方式所筹资金的成本。主要包括银行借款资金成本、长期债券资金成本、优先股资金成本、普通股资金成本、留存盈利资金成本等。为了便于不同筹资方式的比较，资金成本通常以相对数即资金成本率来表示。资金成本率和资金筹集总额、资金筹集费用、资金占用费用的关系可用下式表示：

$$资金成本率=\frac{资金占用费用}{资金筹集总额-资金筹集费用}$$

或

$$资金成本率=\frac{资金占用费用}{资金筹集总额\times（1-资金筹集费用率）}$$

1. 银行借款资金成本的计算 银行借款资金成本包括借款利息和借款手续费用。利息费用在税前支付，可以起抵税作用，因此，企业实际负担的债务成本应当考虑所得税因素。一般计算税后资金成本率。

$$银行借款资金成本=\frac{借款年利息\times(1-所得税税率)}{银行借款资金筹集总额\times(1-银行借款资金筹集费用率)}\times100\%$$

由于银行借款的手续费很低，公式中的资金筹集费率可以忽略不计，则银行借款资金成本的计算可以用以下的简化公式：

$$银行借款资金成本=借款年利率\times（1-所得税税率）\times100\%$$

【例 2-8】某企业拟从银行借入一笔 100 万元的资金，期限 5 年，年利率 10%，手续费 0.5%，每年结息一次，到期一次还本，企业所得税税率为 25%。要求计算该笔借款的资金成本。

$$解：银行借款资金成本率=\frac{1\ 000\ 000\times10\%\times（1-25\%）}{1\ 000\ 000\times（1-0.5\%）}\times100\%\approx7.54\%$$

如忽略手续费，银行借款资金成本 $=10\%\times（1-25\%）\times100\%=7.5\%$

2. 债券资金成本的计算 债券资金成本中的利息在税前支付，具有减税效应。债券的资金筹集费用一般较高，主要包括申请发行债券的手续费、债券的印刷费、债券的发行费等。债券资金成本的计算公式为：

$$债券资金成本=\frac{债券年利息\times（1-所得税税率）}{债券发行总额\times（1-债券资金筹集费用费率）}\times100\%$$

【例 2-9】某企业发行三年期债券，债券面值为 500 万元，票面利率为 8%，每年付息一次，发行费率为 5%，所得税税率为 25%，债券按面值发行。要求计算该债券的资金成本。

$$解：债券资金成本=\frac{5\ 000\ 000\times8\%\times（1-25\%）}{5\ 000\ 000\times（1-5\%）}\times100\%\approx6.32\%$$

3. 优先股资金成本的计算 优先股享有优先支付股利的权利，并且其股利是固定的。企业发行优先股，既要支付资金筹集费用，又要定期支付股利。它与债券不同的是股利在税后支付。优先股资金成本计算公式为：

$$优先股资金成本=\frac{优先股年股利额}{优先股发行总额\times（1-优先股资金筹集费用率）}\times 100\%$$

【例 2-10】某公司以每股 10 元的价格，按面值发行优先股 200 万股，资金筹集费用率为 5%，每年支付 10%的股利，要求计算优先股的资金成本。

$$解：优先股资金成本=\frac{10\times 2\ 000\ 000\times 10\%}{10\times 2\ 000\ 000\times（1-5\%）}\times 100\%\approx 10.53\%$$

4. 普通股资金成本的计算 普通股股票为企业的基本资金，其股利取决于企业经营情况，不能事先确定，因此普通股的资金成本率很难预先准确地进行计算。如果公司采用固定的股利增长率政策，固定股利增长率为已知数，则其资金成本率可用以下公式计算：

$$普通股资金成本=\frac{普通股第一年预期股利}{普通股资金筹集总额\times（1-普通股资金筹集费用率）}\times 100\%+股利年增长率$$

【例 2-11】某公司发行普通股 500 万股，每股面值 10 元，按溢价 12 元发行，资金筹集费用费率为 4%，预计第一年年末股利率为 8%，以后每年增长 2%。要求计算该普通股的资金成本。

$$解：普通股资金成本=\frac{5\ 000\ 000\times 10\times 8\%}{5\ 000\ 000\times 12\times（1-4\%）}\times 100\%+2\%\approx 8.94\%$$

5. 留存收益资金成本的计算 企业所获利润可按规定留存一定比例的资金，以满足自身资金需要，所以留存收益是企业资金的一项重要来源渠道。由于留存收益属于普通股股东所有，因此其成本计算应与普通股相同，只是没有资金筹集费用。其计算公式为：

$$留存收益资金成本=\frac{普通股第一年预期股利}{普通股资金筹集总额}\times 100\%+股利年增长率$$

【例 2-12】某公司普通股目前的股价为每股 15 元，第一年支付的每股股利为 3 元，预计以后每年增长 2%，要求计算该公司的留存收益成本。

$$解：留存收益资金成本=\frac{3}{15}\times 100\%+2\%=22\%$$

（二）综合资金成本的计算

由于筹资的渠道有多种，不同筹资方式下，其资金成本也不同。在实际工作中往往采用多种方式筹资，因此需要计算综合资金成本以供决策时参考。综合资金成本是指一个企业采取各种不同筹资方式所筹资金总的平均资金成本。它是以各种资金所占的比重为权数，对各种资金成本进行加权平均计算出来的，因此又称为加权平均资金成本。其计算公式为：

综合资金成本＝∑（某种资金的成本×该种资金占总资金的比重）

【例 2-13】某企业采用多种方式筹资，共筹资 500 万元，有关资料见表 2-1，要求计算其综合资金成本。

表 2-1 综合资金成本计算

筹资方式	资金筹集总额（万元）	所占比重（%）	资金成本率（%）
银行借款	200	40	6
普通股	200	40	12
留存收益	100	20	8
合计	500	100	

解：综合资金成本＝∑（某种资金的成本×该种资金占总资金的比重）

＝6%×40%＋12%×40%＋8%×20%＝8.8%

单元小结

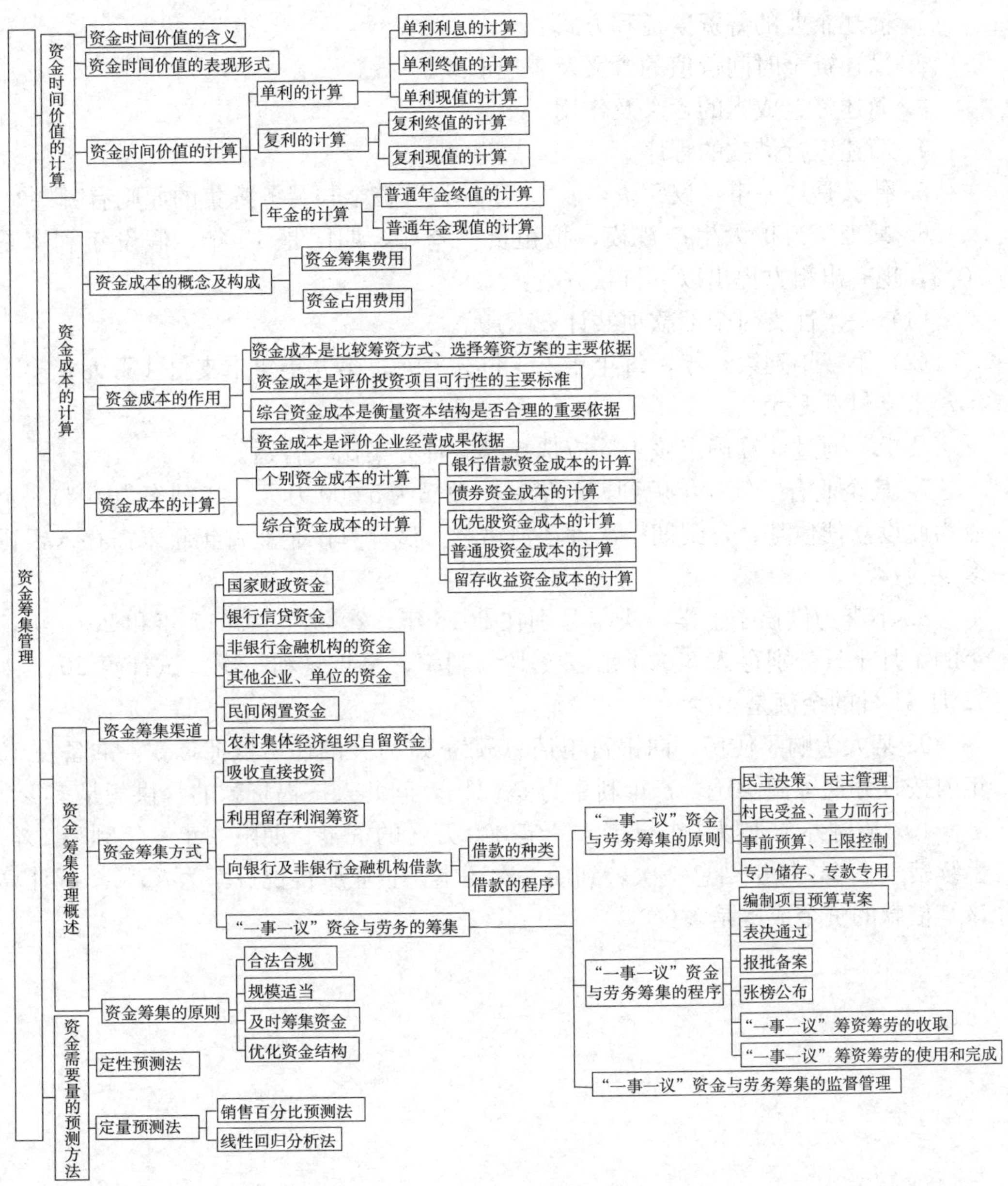
资金筹集管理
资金时间价值的计算
资金时间价值的含义
资金时间价值的表现形式
资金时间价值的计算
单利的计算
单利利息的计算
单利终值的计算
单利现值的计算
复利的计算
复利终值的计算
复利现值的计算
年金的计算
普通年金终值的计算
普通年金现值的计算
资金成本的计算
资金成本的概念及构成
资金筹集费用
资金占用费用
资金成本的作用
资金成本是比较筹资方式、选择筹资方案的主要依据
资金成本是评价投资项目可行性的主要标准
综合资金成本是衡量资本结构是否合理的重要依据
资金成本是评价企业经营成果依据
资金成本的计算
个别资金成本的计算
综合资金成本的计算
银行借款资金成本的计算
债券资金成本的计算
优先股资金成本的计算
普通股资金成本的计算
留存收益资金成本的计算
资金筹集管理概述
资金筹集渠道
国家财政资金
银行信贷资金
非银行金融机构的资金
其他企业、单位的资金
民间闲置资金
农村集体经济组织自留资金
资金筹集方式
吸收直接投资
利用留存利润筹资
向银行及非银行金融机构借款
借款的种类
借款的程序
“一事一议”资金与劳务的筹集
“一事一议”资金与劳务筹集的原则
民主决策、民主管理
村民受益、量力而行
事前预算、上限控制
专户储存、专款专用
“一事一议”资金与劳务筹集的程序
编制项目预算草案
表决通过
报批备案
张榜公布
“一事一议”筹资筹劳的收取
“一事一议”筹资筹劳的使用和完成
“一事一议”资金与劳务筹集的监督管理
资金筹集的原则
合法合规
规模适当
及时筹集资金
优化资金结构
资金需要量的预测方法
定性预测法
定量预测法
销售百分比预测法
线性回归分析法

思考题

1. 简述企业的筹资渠道和方式。

2. 简述资金时间价值的含义及表现形式。

3. 简述资金成本的含义及作用。

4. 简述银行借款的程序。

5. 什么是“一事一议”资金？“一事一议”资金与劳务筹集的原则有哪些？

6. 某工厂为扩大生产规模，拟租赁一仓库，期限是 10 年，假设年利率是 10%，现有出租方提出以下付款方案：

（1）一次性支付全部款项共计 25 万元。

（2）第一年到第八年，每年年末支付 3 万元；第九年年末支付 4 万元；第十年年末支付 5 万元。

要求：通过计算确定该工厂应选择哪一种方案比较合适。

7. 某企业有一笔 5 年后到期的借款，数额为 5 000 万元，年利率为 10%。企业为此设立偿债基金，到期一次性还清借款。试计算该企业每年年末需存入银行多少钱？

8. 小李为供孩子上学，决定分别在 2015 年、2016 年、2017 年和 2018 年各年的 1 月 1 日分别存入 5 000 元，按 10%利率，每年复利一次。试计算 2018 年 12 月 31 日的余额是多少？

9. 某人为购买住房，向银行申请总额为 30 万元的住房抵押贷款，准备在 15 年内按月分期等额偿还。若年利率为 5.04%，问此人按揭贷款的月供额是多少？

10. 某村办企业拟从银行借入一笔 200 万元的资金，期限 3 年，年利率 8%，手续费 0.5%，每年结息一次，到期一次还本，企业所得税税率为 25%。试计算该笔借款的资金成本是多少？

第三单元 流动资产管理

学习目标

1. 了解流动资产的含义、特点及分类。
2. 掌握现金管理、银行存款管理、应收款项管理。
3. 熟悉应收款项的作用及形成原因。
4. 掌握存货发出的计价方法。
5. 掌握存货入库、出库、库存的管理。

学习任务

学习任务一　认识流动资产

一、流动资产的含义及特点

农村集体经济组织拥有的资产分为流动资产、农业资产、固定资产和无形资产等。其中，流动资产是指农村集体经济组织拥有的，在一年内或者一个营业周期内就耗用完的或者经过变卖可以成为现金的资产。流动资产主要包括现金、银行存款、应收账款等短期债权、存货等。

流动资产的特点是可以较快地转化成现金。对农村集体经济组织来说，流动资产是维持各项管理活动正常开展的基本资源。如果流动资产不足，农村集体经济组织的生产经营活动将无法正常进行；如果流动资产过多，会影响农村集体经济组织的资金使用效益。所以，农村集体经济组织应该管好、用好流动资产。

加强对流动资产管理，有利于确定流动资产业务的合法性、合规性，有利于检查流动资产业务账务处理的正确性，揭露其存在的弊端，提高流动资产的使用效益。

二、流动资产的分类

农村集体经济组织既有工业企业，也有商业企业，因此流动资产可以按流动资产在不同行业的企业生产经营中所起的作用进行如下分类：

1. 工业企业的流动资产分类

（1）储备资产。储备资产是指从购买到投入生产为止，处于生产准备阶段的流动资产。储备资产主要包括原材料及主要材料、辅助材料、燃料、修理用备件、低值易耗品、包装物、外购半成品等。

（2）生产资产。生产资产是指从投入生产到产品入库为止，处于生产过程中的流动资产。生产资产主要包括在产品、自制半成品、待摊费用等。

（3）成品资产。成品资产主要是指从产品入库到产品销售为止，处于产品待销过程中的流动资产。成品资产主要包括产成品和准备销售的半成品和零部件等。

（4）结算资产。结算资产指各种发出商品、应收账款、应收票据等。

（5）货币资产。货币资产指银行存款、现金等。

2. 商品流通企业的流动资产分类

（1）商品资产。商品资产主要包括库存商品和在途商品等。

（2）非商品资产。非商品资产主要包括包装物、物料用品、低值易耗品等。

（3）结算资产。结算资产主要包括各种应收款、预付款、应收票据等。

（4）货币资产。货币资产主要包括银行存款、现金等。

学习任务二　货币资金管理

一、货币资金管理概述

货币资金是指在农村集体经济组织的生产经营和社区管理服务过程中处于货币形态的那部分流动资产。货币资金主要包括现金和银行存款。

货币资金是流动性最强的一种资产，也是唯一能够直接转换为其他任何类型资产的资产。农村集体经济组织必须加强对货币资金的管理，确保货币资金的安全、完整、合法和有效利用。

农村集体经济组织要建立货币资金收支的内部牵制制度。农村集体经济组织对货币资金的管理要实行不相容职务相互分离的制度，合理设置会计、出纳及相关的工作岗位，明确职责，相互制约，确保资金的安全。也就是说，分别负责业务的授权批准、现金管理、物资管理、会计记录、稽核检查五个方面的人员应各自分离，明确各自的职责权限，形成相互制衡的机制。例如，授权批准人员与业务经办人分离；物资管理人员不能负责收款；银行单据签发和印鉴保管应当分工负责，支票和财务印鉴不能由一人保管；会计、出纳不能相互兼职，不得由一人办理货币资金流通的全部过程等。建立内部牵制制度的目的是完善内部制约机制，使资金支出环环相扣，各环节相互制约，在制度上堵塞可能出现的漏洞。

要加强对货币资金的预算编制，避免资金不足和资金过剩所产生的不利影响，严格控制无预算或超审批权限的资金支出，使各项支出的执行都有预算和定额控制。

货币资金的收付只能由出纳员负责，其他人员不得接触货币资金。农村集体经济组织每笔收入和支出都要及时开具或取得发票，现金结算款项要及时送存银行。发生的货币资金的收入与支出应当及时入账，并做到日清月结。

要规范货币资金的管理程序，明确货币资金的审批权限，超限额或重大事项资金支付要实行集体审批。要严格规范支出审批程序，每笔支出都应由单位负责人审批、村民主理财小组和会计主管审核、会计人员复核，避免因对货币资金管理不善而影响农村集体经济组织的正常运转和经营效益。

二、现金管理

现金也叫库存现金，由单位出纳员负责保管，用于单位日常零星支出，是货币资金的重要组成部分。由于现金可以用来购买任何商品，又是农村集体经济组织支付能力的直接表现，所以农村财务人员应该把现金作为一项重要且特殊的资产进行管理。

1. 严格执行资金代管制度 村级集体资金、账务委托乡（镇）村账代理中心代管（以下简称“双代管”），并统一设立银行存款专户。村级集体资金一律由镇农村经营管理站代为管理，存入指定银行或信用社，分村单列账户核算。

2. 严格执行钱账分管制度 村级所有现金、存款、有价证券和现金支票，必须由村报账员统一管理，其他人员不得经手和管理。村报账员负责备用金的管理以及现金存款的核实和对账。镇农村经营管理站负责与村办理现金收付及转账业务。其他人员不得管理现金。

3. 规范收款收据的开具 向单位和农户收取现金时，必须填制指定使用的统一收款收据，并及时将现金转存银行。不准坐支，不得挪用，不准公款私存，不准私设“小金库”。

4. 严格规范支出审批手续 对未经审批人审批等手续不完备的支出，村报账员不准付款。对不合理支出，村报账员有权拒绝付款和入账，并及时向上级主管部门反映。

5. 遵守库存现金限额的规定 库存现金限额一般根据单位3～5天的日常零星支出确定。一经确定，要遵照执行，不准白条抵库。

6. 规范现金日记账的登记 村报账员应当逐日对账，并认真逐笔登记现金日记账，及时、准确地核算现金收入、支出和结存，做到日清月结、账款相符。

三、银行存款管理

银行存款是农村集体经济组织存放于银行或其他金融机构的货币资金。按照国家有关规定，凡是独立核算的单位，都必须在当地的银行开立账户。农村集体经济组织除按核定的限额保留库存现金外，超过限额的现金必须存入银行。除了在规定的范围内可以用现金直接支付外，在经营过程中所发生的一切货币收支业务都必须通过银行账户进行转账结算。

1. 规范村级账户管理 村级集体资金属于农村集体经济组织全体成员所有，所有村级集体资金都必须纳入村级账户统一管理、统一核算，任何单位或个人不得截留、挪用、平调或私自占用村级集体资金。严禁集体资金的体外循环。严格执行收、支两条线管理，农村集体经济组织只可开设一个基本存款账户，用于办理日常转账结算和现金收付。除土地补偿费需设专门账户外，不得开设其他专用和临时账户。

2. 规范村级集体资金管理 对村级集体资金全面实行非现金结算。农村集体经济组织的上级拨付资金、各类项目补助资金等所有款项，必须通过转账方式转入银行或代理机构，严禁直接收取现金。对村干部工资发放、办公经费报支、村级债务偿还、工程项目付款、农户各项补贴补偿款发放等款项支出，不论金额大小，均采用非现金结算方式。

3. 规范收支票据管理 农村集体经营组织的一切收支必须统一使用省级财政部门监制的统一结算凭证和专用票据。所有结算凭证必须实行统一领用、缴销登记制度，并在领用之日起一个月内结算、缴销。镇农村经营管理站票据管理员及时做好票据领用及收回销号台账登记，做到付出票据与收回票据及库存票据相符，作废票据与使用票据份数之和与票据总份数相符。

学习任务三　应收款项管理

一、应收款项的作用

应收款项是企业因销售产品、材料、提供劳务等经济活动而应向购货方、接收劳务的单位或个人收取的款项。企业通过提供商业信用，采取赊销、分期付款等方式可以扩大销售，增强竞争力，获得利润。应收款项作为企业为扩大销售和盈利的一项投资，也会发生一定的成本，所以企业需要在应收款项所增加的盈利和所增加的成本之间作出权衡。应收款项管理就是分析赊销的条件，使赊销带来的盈利增加大于应收账款投资产生的成本增加，最终使企业现金收入增加，企业价值上升。

应收款项在生产经营中的作用主要有以下两方面：

1. 增加销售　在激烈的市场竞争中，通过提供赊销可有效地促进销售。因为企业提供赊销不仅向顾客提供了商品，也在一定时间内向顾客提供了购买该商品的资金，顾客将从赊销中得到好处。所以赊销会给企业带来销售收入和利润的增加，特别是在企业销售新产品、开拓新市场时，赊销更具有重要的意义。

2. 减少存货　企业持有一定存货时会相应地占用资金，形成仓储费用、管理费用等，产生成本。而赊销则可避免这些成本的产生。所以，无论是季节性生产企业还是非季节性生产企业，当企业的产成品存货较多时，一般会采用优惠的信用条件进行赊销，将存货转化为应收账款，减少产成品存货，相应减少存货资金占用成本、仓储与管理费用等，从而提高企业收益。

二、应收款项形成的原因

应收款项是农村集体经济组织的债权，是流动资产的一部分。农村集体经济组织应加强对应收款项的管理，控制应收款项的数额及回收时间，并采取措施积极组织催收。

应收款项形成的原因主要有两个：①农村集体经济组织与外单位和外部个人在经济业务往来中发生的各种应收款和暂付款；②内部欠款，主要是农村集体经济组织同本村所属单位和农户个人在经济往来和其他活动中发生的应收款和暂付款。

三、应收款项的管理

对农村集体经济组织的财务管理人员来说，管理应收款项是一项经常性的工作，应主要做好以下工作：

1. 做好应收款项的日常记录和核算工作 农村财务人员平时要做好日常的应收款项的基础记录和核算工作，掌握欠款人完整的信息。同时，农村财务会计还应该设置应收款项总账和明细分类账，汇总记录与所有客户的往来账款数额及其增减情况；分门别类地详细记录销货客户的往来款项的增减变动情况，以便及时了解掌握情况，采取收款措施。

建立债权债务台账，定期将村级债权、债务向全体村民公开。加强清收欠款力度，积极化解债务，杜绝新增债务。任何人无权外借村级集体资金，任何单位不得平调村级集体资金和资产。核销村级债权，须由村（居）民委员会提出意见，经村民代表会议同意后，方可办理核销手续。

2. 坚持定期的财务对账制度 对外部单位的欠款，要制定一套规范的定期对账制度，每隔一段时间就必须同欠款方核对一次账目，以避免日后由于人员变动造成双方财务记载出现差错，进而出现呆坏账现象。同时，对账不仅是核对欠款数目，也借此一并提醒对方积极还款。为了准确起见，对账时要形成具有法律效应的文书或其他纸质及电子文档记录，以避免以后出现异议。

3. 加速应收账款周转，提高资金使用效率 应收账款是农村集体经济组织应收款项中的一项重要内容。形成应收账款的直接原因是赊销。应收账款是长期被外单位占用的资金，企业应该采取各种有效措施，加速应收账款的回收。

应收账款是农村集体经济组织流动资产除存货外的另一重要项目。应收账款在流动资产中具有举足轻重的地位。农村集体经济组织的应收账款如能及时收回，农村集体经济组织的资金使用效率便能大幅提高。衡量应收账款周转快慢的指标是应收账款周转率。

应收账款周转率是农村集体经济组织在一定时期内赊销净收入与平均应收账款余额之比。它是衡量农村集体经济组织应收账款周转速度及管理效率的指标。它反映农村集体经济组织应收账款的管理水平和应收账款的变现速度快慢。一般来说，应收账款周转率越高越好，它说明收款迅速，资产的流动性好，坏账损失的可能性较小。

4. 严格按程序处理坏账 坏账是指因债务单位撤销而确实无法追还的款项，或因债务人死亡而既无遗产可以清偿又无义务承担人去承担，确实无法收回的款项，对应收款项的坏账，应取得有关方面的证据，按规定程序核销。因有关责任人造成的损失，应酌情由其赔偿。任何人不得擅自决定应收款项的核销。

5. 加强应收款项的催收 欠款的原因大致可以分为两类：无力偿付欠款和故意或恶意拖欠欠款。对一般欠款，农村集体经济组织要积极催收；对村民确实无力偿还的欠款，需要减免的，农村集体经济组织要进行公示，征得组织成员的同意；对恶意欠款，农村集体经济组织在积极催收的同时，要借助行政、司法等手段清收。

学习任务四 存货管理

一、存货的含义及内容

存货是指农村集体经济组织持有的各种材料和物资，主要包括种子、化肥、农药、工具用具、原材料、机械零部件、在产品（包括农业和工业的在产品）、工业产成品和农产品等。

存货是农村集体经济组织拥有的一项重要资产，属于农村集体经济组织流动资产的重要组成部分，也是农村集体经济组织生产经营活动和社会管理活动不可缺少的物资保障。这部分物资品种多，流动性较强（如种子、农药和农产品等）。同时，有些存货容易过期、毁损、变质和丢失。因此农村集体经济组织应该加强对存货物资的管理，保证其安全完整，并有效利用存货资产。

二、存货的管理

存货管理主要是指对库存物资的验收入库、保管、出库的管理和监督。农村集体经济组织要按照规范化的要求做好物资管理的各项基础性工作，建立物资采购计划、审批、出入库、保管等管理制度，明确责任，使物资管理有章可循。

（一）存货入库的管理

在存货入库环节，主要是验收取得存货的数量、质量和成本，保证物资数量准确、质量合格，并努力降低存货的取得成本。

1. 检查验收 取得存货后，验收人员应立即根据凭证所列的品种、规格、数量、质量等项目严格进行检查和验收，并填写验收单。

2. 入库 仓库管理人员在核对无误的基础上，填写入库单，一联留存仓库，一联随同存货的其他凭证送交财会部门报账。

3. 存货的计价 购入的物资按照买价加上运输费、装卸费等费用，以及运输途中的合理损耗和相关税费等计价。生产入库的农产品和工业产成品按生产过程中发生的实际支出计价。

（1）购入存货的计价。购入存货的成本包括购买价款、进口关税和其他税费、运输费、装卸费、保险费以及其他可直接归属于存货采购成本的费用。其中，购买价款是指进货发票所注明的货款金额；其他税费是指计入存货的消费税、资源税、相应的教育费附加、不能从销项税额中抵扣的增值税进项税额等；运输过程中发生的运输费、装卸费、保险费等费用，只要是在存货达到预定可使用地点之前（或入库之前）发生的，就可以计入存货的初始入账成本；其他可直接归属于存货采购成本的费用是指仓储费、包装费、运输途中的合理损耗、入库前的挑选整理费用（包括挑选整理中发生的工费支出和挑选整理过程中所发生的数量损耗，并扣除回收的下脚废料价值）。

其他可直接归属于存货采购成本的费用，能分清负担对象的，应直接计入存货的采购成本；不能分清负担对象的，应选择合理的分配方法，分配计入有关存货的采购成本。分配方法通常包括按所购存货的重量或采购价格的比例进行分配。

增值税是否计入存货成本，区分以下情况分别进行处理：①小规模企业采购货物支付的增值税一律计入所购存货的成本；②一般纳税企业，其采购用于应税项目的货物所支付的增值税，凡专用发票或完税凭证中注明的，不计入所购存货的成本；若未能取得增值税专用发票或完税凭证的，其支付的增值税则应计入所购存货的成本。

综上所述，可以得出购入存货的成本计算公式为：

购入存货的成本＝购买价款＋相关税费＋运输费＋装卸费＋保险费＋仓储费＋包装费＋运输途中的合理损耗＋入库前的挑选整理费

（2）自制存货的计价。自制存货是指企业自己生产加工制造的存货，如农产品、产成品、自制半成品、自制材料等。

工业企业自制存货的初始成本包括加工制造过程中耗用的直接材料或半成品和存货的加工成本。存货的加工成本是指在存货的加工过程中发生的费用，包括直接人工以及按照一定方法分配的制造费用。企业在加工制造存货的过程中，发生的直接人工属于直接费用，直接计入该产品成本；发生的制造费用属于间接费用，则按一定的方法分配计入各产品成本。

直接人工是指企业在生产产品和提供劳务过程中，直接从事产品生产的工人的工资、职工福利、社会保险费、职工教育经费、住房公积金和非货币福利等职工薪酬。

制造费用是指企业为生产产品和提供劳务而发生的各项间接费用，包括企业生产部门（如生产车间）管理人员的薪酬、办公费、水电费、折旧费、机物料消耗、劳动保护费、季节性和修理期间的停工损失等。企业应当根据制造费用的性质，合理地选择制造费用分配方法。在同一生产过程中，同时生产两种或两种以上的产品，并且每种产品的加工成本不能直接区分的，其加工成本应当按照合理的方法在各种产品之间进行分配；如果只生产一种产品，企业可以先将制造费用进行归集，然后直接计入该种产品成本。

综上所述，可以得出自制存货的成本计算公式为：

自制存货的成本＝直接材料或半成品成本＋直接人工＋制造费用

农产品自制存货的成本中，直接材料包括种子、化肥、农膜等，直接人工包括耕地、播种、施肥、农药喷洒、灌溉、收割等耗费的人工费用，拖拉机、播种机、收割机等的折旧费用则属于制造费用的范畴。

（3）投资人投入的存货的计价。投资者投入的存货的成本，应当按照投资合同或协议约定的价值确定，但合同或协议约定价值不公允的除外。在合同或协议约定价值不公允的情况下，按照该项存货的公允价值作为其入账价值。

（4）委托外单位加工的存货的计价。委托外单位加工的存货也称委托加工存货。委托外单位加工的存货的成本，是以实际耗用的原材料或半成品或商品的成本，加上加工费、运输费、装卸费、保险费等费用以及按规定应计入成本的税金，作为实际成本的。

（5）接受捐赠的存货的计价。接受捐赠的存货的成本，捐赠方提供了有关凭据（如发票、报关单等）的，按凭据上标明的金额加上应支付的相关税费作为实际成本；捐赠方没有提供有关凭据的，应当参照同类或类似存货的市场价格加上应支付的相关税费作为实际成本；同类或类似存货不存在活跃市场的，按接受捐赠的存货的预计未来现金流量现值作为实际成本。

（二）存货出库的管理

1. 存货出库环节要严格规范领用审批程序，保证存货的合理使用

（1）领用存货，必须填写领料单，并经有关负责人审批，然后出库。会计人员根据领料单记账核算。

（2）出售存货，先要经有关负责人审批，然后由会计人员开具凭证（发票），经保管人员签字后出库。

（3）借用存货，必须经主管领导审批，并办理借用手续，方可出库。会计人员根据借用手续记账。

2. 存货发出的计价核算 存货发出是指存货领用或出售，不包括存货借用。

在领用、出售存货时，可按照实际成本核算，关于存货发出的计价方法，财务人员可根据实际情况，在先进先出法、加权平均法、移动加权平均法、个别计价法等方法中任选一种。但是一经选定，不得随意变动。

(1) 先进先出法。先进先出法是假定先收到的存货先发出，并根据这种假定的成本流转程序对发出存货和期末存货进行计价的方法。

先进先出法是以假定每次先购进的存货总是先发出为前提的，至于实际发出存货的顺序是否按购进存货的先后，并不予以考虑。具体做法是：收入存货时，按照时间的先后顺序逐笔登记每一批存货的数量、单价和金额；每次发出存货时，以先购进存货的单价计算发出存货的实际成本，并逐笔登记发出和结存存货的数量、单价和金额。

采用先进先出法时，假定在每次发出存货时都是发出库存最久的存货，同时假定每次的期末存货是最近入库的存货。

【例 3-1】某企业 2018 年 10 月甲材料的入库、发出和结存的有关资料如表 3-1 所示。期初结存单价 1.00 元。

表 3-1 甲材料收发资料

2018 年		摘要	入库		发出数量（个）	结存数量（个）
月	日		数量（个）	单价（元/个）		
10	1	期初结存		1.00		4 000
10	7	购入	10 000	1.10		
10	12	发出			8 000	
10	15	购入	6 000	1.20		
10	20	发出			4 000	
10	26	发出			6 000	2 000

要求：根据以上资料，采用先进先出法计算本月发出存货成本和月末结存存货成本。

解：按照先进先出法，甲材料发出存货成本和期末结存存货成本的计算如表 3-2 所示。

表 3-2 甲材料明细账（先进先出法）

2018 年		凭证		摘要	收入			发出			结存		
月	日	字	号		数量（个）	单价（元/个）	金额（元）	数量（个）	单价（元/个）	金额（元）	数量（个）	单价（元/个）	金额（元）
10	1			上月结存							4 000	1.00	4 000
10	7			购入	10 000	1.10	11 000				4 000	1.00	15 000
											10 000	1.10	

（续）

<table>
<tr><th colspan="2">2018年</th><th colspan="2">凭证</th><th rowspan="2">摘要</th><th colspan="3">收入</th><th colspan="3">发出</th><th colspan="3">结存</th></tr>
<tr><th>月</th><th>日</th><th>字</th><th>号</th><th>数量（个）</th><th>单价（元/个）</th><th>金额（元）</th><th>数量（个）</th><th>单价（元/个）</th><th>金额（元）</th><th>数量（个）</th><th>单价（元/个）</th><th>金额（元）</th></tr>
<tr><td rowspan="2">10</td><td rowspan="2">12</td><td rowspan="2"></td><td rowspan="2"></td><td rowspan="2">发出</td><td rowspan="2"></td><td rowspan="2"></td><td rowspan="2"></td><td>4 000</td><td>1.00</td><td rowspan="2">8 400</td><td rowspan="2">6 000</td><td rowspan="2">1.10</td><td rowspan="2">6 600</td></tr>
<tr><td>4 000</td><td>1.10</td></tr>
<tr><td rowspan="2">10</td><td rowspan="2">15</td><td rowspan="2"></td><td rowspan="2"></td><td rowspan="2">购入</td><td rowspan="2">6 000</td><td rowspan="2">1.20</td><td rowspan="2">7 200</td><td rowspan="2"></td><td rowspan="2"></td><td rowspan="2"></td><td>6 000</td><td>1.10</td><td rowspan="2">13 800</td></tr>
<tr><td>6 000</td><td>1.20</td></tr>
<tr><td rowspan="2">10</td><td rowspan="2">20</td><td rowspan="2"></td><td rowspan="2"></td><td rowspan="2">发出</td><td rowspan="2"></td><td rowspan="2"></td><td rowspan="2"></td><td rowspan="2">4 000</td><td rowspan="2">1.10</td><td rowspan="2">4 400</td><td>2 000</td><td>1.10</td><td rowspan="2">9 400</td></tr>
<tr><td>6 000</td><td>1.20</td></tr>
<tr><td rowspan="2">10</td><td rowspan="2">26</td><td rowspan="2"></td><td rowspan="2"></td><td rowspan="2">发出</td><td rowspan="2"></td><td rowspan="2"></td><td rowspan="2"></td><td>2 000</td><td>1.10</td><td rowspan="2">7 000</td><td rowspan="2">2 000</td><td rowspan="2">1.20</td><td rowspan="2">2 400</td></tr>
<tr><td>4 000</td><td>1.20</td></tr>
<tr><td>10</td><td>30</td><td></td><td></td><td>本月合计</td><td>16 000</td><td></td><td>18 200</td><td>18 000</td><td></td><td>19 800</td><td>2 000</td><td>1.20</td><td>2 400</td></tr>
</table>

小贴士

先进先出法适用于存货种类少、采购量较大、采购批次较少的企业。

先进先出法的优点：采用先进先出法可以随时结转存货的发出成本和结存成本，存货结存成本是按最近购货确定的，期末存货成本比较接近现行的市场价值。

先进先出法的缺点：当存货收发业务较频繁、收入单价不稳定时，计价工作会比较繁琐，核算工作量较大；当物价持续上涨时，会高估企业当期利润和库存存货价值；当物价持续下跌时，会低估企业当期利润和库存存货价值。

（2）加权平均法。加权平均法也称全月一次加权平均法，是指以月初结存存货的实际成本加上本月收入存货的实际成本，除以月初结存存货数量与本月收入存货数量之和，计算出存货的加权平均单价（即单位成本），从而确定本月发出存货的实际成本和月末结存存货成本的方法。

加权平均法计算公式如下：

$$存货的加权平均单价=\frac{月初结存存货的实际成本+本月收入存货的实际成本}{月初结存存货数量+本月收入存货数量}$$

本月发出存货的实际成本＝本月发出存货数量×存货的加权平均单价

月末结存存货成本＝月末结存存货数量×存货的加权平均单价

或　月末结存存货成本＝月初结存存货的实际成本＋本月收入存货的实际

成本—本月发出存货的实际成本

$$存货单位成本=\frac{全月可供发出存货总成本}{全月可供发出存货总数量}$$

【例 3-2】沿用例 3-1 资料，要求采用加权平均法计算甲材料本月发出存货成本和月末结存存货成本。

解：按照加权平均法，甲材料本月发出存货成本和月末结存存货成本的计算如表 3-3 所示。

存货的加权平均单价＝（4 000＋18 200）/（4 000＋16 000）

＝1.11（元/个）

本月发出存货的实际成本＝18 000×1.11＝19 980（元）

月末结存存货成本＝2 000×1.11＝2 220（元）

或　月末结存存货成本＝4 000＋18 200－19 980＝2 220（元）

表 3-3　甲材料明细账（加权平均法）

2018 年		凭证		摘要	收入			发出			结存		
月	日	字	号		数量（个）	单价（元/个）	金额（元）	数量（个）	单价（元/个）	金额（元）	数量（个）	单价（元/个）	金额（元）
10	1			上月结存							4 000	1.00	4 000
10	7			购入	10 000	1.10	11 000				14 000		
10	12			发出				8 000			6 000		
10	15			购入	6 000	1.20	7 200				12 000		
10	20			发出				4 000			8 000		
10	26			发出				6 000			2 000	1.11	2 200
10	30			本月合计	16 000		18 200	18 000	1. 11	19 980	2 000	1.10	2 200

小贴士

加权平均法的优点：采用加权平均法，考虑了不同批次进货的数量及其单价，计算结果比较均衡。存货的加权平均单价于期末一次计算，平时只记发出存货的数量，不记发出存货单价及金额，可以减少日常核算工作量。同时，在市场价格上涨或下跌时所计算出来的单位成本平均化，对存货成本的分摊较为折中。

加权平均法的缺点：加权平均法平时无法从账上提供发出存货和结存存货的单价及金额，不利于加强对存货的日常管理。

（3）移动加权平均法。移动加权平均法是指在每次收入存货以后，本次收入前结存存货的成本加上本次收入存货的实际成本，除以本次收入前结存存货数量与本次收入存货数量之和，计算出当前存货的移动加权平均单价（即单位成本），并作为下一次发出存货的单价的一种方法。也就是说，每次进货都要计算一个当前存货的移动加权平均单价，并据以计算下一次发出存货的实际成本。

移动加权平均法计算公式如下：

$$\text{当前存货的移动加权平均单价}=\frac{\text{本次收入前结存存货的实际成本}+\text{本次收入存货的实际成本}}{\text{本次收入前结存存货数量}+\text{本次收入存货数量}}$$

下一次发出存货的实际成本＝下一次发出存货数量×当前存货的移动加权平均单价

移动加权平均法是指每次根据当前存货的总数量和总成本，计算出当前存货的平均单位成本，并作为下一次发出存货的单价的一种方法。

小贴士

当前存货的单位成本＝当前存货总成本/当前存货总数量

【例 3-3】沿用例 3-1 资料，要求采用移动加权平均法计算甲材料本月发出存货成本和月末结存存货成本。

解：按照移动加权平均法，甲材料本月发出存货成本和月末结存存货成本的计算如表 3-4 所示。

① 10 月 7 日第一次收入甲材料时，甲材料移动加权平均单价计算如下（保留三位小数点）：

当前存货的移动加权平均单价＝（4 000＋11 000）/（4 000＋10 000）

≈1.071（元/个）

当前结存存货的实际成本＝4 000＋11 000＝15 000（元）

②10 月 12 日甲材料发出存货。因为当前存货的移动加权平均单价除不尽，为保证账簿记录的对应性及完整性，便于核查账面数额，应先确定当前结存存货的实际成本，再计算发出存货的实际成本。

当前结存存货的实际成本＝6 000×1.071＝6 426（元）

发出存货的实际成本＝15 000－6 426＝8 574（元）

③10 月 15 日第二次购入甲材料时，甲材料当前存货的移动加权平均单价计算如下（保留三位小数点）：

当前存货的移动加权平均单价＝（7 200＋6 426）/（6 000＋6 000）

≈1.136（元/个）

当前结存存货的实际成本＝7 200＋6 426＝13 626（元）

④10 月 20 日甲材料发出存货计算成本如下：

当前结存存货的实际成本＝8 000×1.136＝9 088（元）

发出存货的实际成本＝13 626－9 088＝4 538（元）

⑤10 月 26 日甲材料发出存货计算成本如下：

当前结存存货的实际成本＝2 000×1.136＝2 272（元）

发出存货的实际成本＝9 088－2 272＝6 816（元）

⑥甲材料本月发出存货成本和月末结存存货成本计算如下：

本月发出存货成本＝8 574＋4 538＋6 816＝19 928（元）

月末结存存货成本＝2 000×1.136＝2 272（元）

表 3-4　甲材料明细账（加权平均法）

2018 年		凭证		摘要	收入			发出			结存		
月	日	字	号		数量（个）	单价（元/个）	金额（元）	数量（个）	单价（元/个）	金额（元）	数量（个）	单价（元/个）	金额（元）
10	1			上月结存							4 000	1.000	4 000
10	7			购入	10 000	1.10	11 000				14 000	1.071	15 000
10	12			发出				8 000	1.071	8 574	6 000	1.071	6 426
10	15			购入	6 000	1.20	7 200				12 000	1.136	13 626
10	20			发出				4 000	1.136	4 538	8 000	1.136	9 088
10	26			发出				6 000	1.136	6 816	2 000	1.136	2 272
10	30			本月合计	16 000		18 200	18 000		19 928	2 000	1.136	2 272

小贴士

移动加权平均法的优点：采用移动加权平均法，能够随时反映发出存货和结存存货的成本，有利于存货的日常管理，而且计算的平均单位成本以及发出存货和结存存货的成本比较客观。这种方法克服了加权平均法的缺点，可以在各个月份中对存货进行及时、准确的核算。

移动加权平均法的缺点：采用移动加权平均法，每收进一次存货都要计算一次当前存货的移动加权平均单价，因而计算工作量较大，对收发货频繁的企业不适用。

需要指出，在移动加权平均单价除不尽的情况下，为了保证账簿记录的对应性及完整性，便于核查账面数额，应先确定当前结存存货的实际成本，然后按本次发出存货前的结存存货余额减去本次发出存货后的当前结存存货的实际成本的方法计算本次发出存货的实际成本。

（4）个别计价法。个别计价法也称为个别认定法、具体辨认法或分批实际法，是通过逐一辨认各批发出存货和期末存货所属的购进批别或生产批别，分别按其购入或生产时所确定的单位成本计算各批发出存货和期末存货成本的方法。

采用个别计价法，存货的发出成本和结存成本较准确，较符合实际情况，但平时必须设置详细的存货记录，或对收入的存货附上标签、号码等，以便确认发出存货和期末存货所属进货批次，从而确认其成本。采用个别计价法的工作量较大，难度较大。采用个别计价法要求具备必要的条件：①存货必须是可以辨别认定的；②必须要有详细的记录，以掌握每种（批）存货收、发、存的具体情况。因此个别计价法适用于容易辨别、存货品种数量不多、单位成本较高的存货计价，如房产、船舶、重型设备、珠宝等贵重物品。

（三）存货库存的管理

在仓储环节，主要是保证存货的安全完整，防止霉变和丢失。产品、物资入库后，要根据其性质、体积和储藏要求，实行分类保管、集中存放。建立材料定量存储、包干使用、定额领用等责任制，防止不合理储备和积压。

1. 建立存货盘存制度 农村集体经济组织要建立存货物资定期盘点制度和定期对账制度。这是保证物资安全完整的有效办法。通过盘点和对账，可以发现实物同账簿记载的信息是否相符，及时发现物资管理上存在的问题。一般情况下，对价值较大的物资要按月清点，并随时掌握物资的动态。年度终了前，农村集体经济组织必须对存货进行一次全面的盘点清查。

（1）永续盘存制。永续盘存制也称账面盘存制，是指对存货设置明细账，逐笔或逐日登记收入、发出数，并随时记录其结存数的一种存货盘存方法。在明细账中，要登记收发、结存数量和金额，为保证明细账记录的正确性，每年至少应对存货进行一次实地盘点。

永续盘存制的优点是有利于加强对存货的管理。在各种存货的明细记录中，可以随时反映出每种存货的收入、发出和结存的动态情况，并从数量和金额两方面加以控制；可以通过不定期的实地盘点，将实际盘存数与账簿明细记录中的账面结存数相核对，进而可以查明溢余或短缺的原因；通过账簿明细记录中的结余数，还可以随时反映出存货是否过多或不足，以便及时组织存货的调减或增补，加速资金周转。

永续盘存制的缺点是：手工核算条件下存货明细记录工作量大，耗费较多的人力和物力；存货品种规格繁多的企业，如采用月底一次结转减销货成本或耗用成本的方法，计算工作比较集中。

永续盘存制具有较高的实用性。除少数特殊情况外，存货一般都采用永续盘存制进行核算。

（2）实地盘存制。实地盘存制又称为以存计耗制或盘存计耗制。它是指在盘存中通过现场实物的盘点来确定存货数量，并据以计算发出存货成本以及期末存货成本的一种存货盘存方法。实地盘存制的计算公式为：

期初存货成本＋本期进货成本－期末存货成本＝本期销货（或耗用）成本

实地盘存制的优点是：每一存货可只设一个总分类账户，或只按大类设置几个二级账户，不需按品名、规格逐一设置明细账户；在每一存货账户中，平时可只记进货成本，不记发出（销售或领用）数量和成本，从而简化核算工作。

实地盘存制的缺点是：不能随时反映存货的发出、结存数量的动态（能反映收入数量动态）；不便于管理人员掌握情况，容易掩盖存货管理中存在的自然和人为的损失，失去提高管理水平的作用；实地盘存制只适用于定期结转销货或耗用成本。

实地盘存制一般只适用于一些价值低、品种杂、进出频繁、管理要求不高的商品或物资。饭店多用此法，因为根据实际情况别无选择。

对于盘盈、盘亏、毁损以及报废的存货，应当及时查明原因，分别情况进行不同的处理。盘盈的存货，按同类或类似存货的市场价格冲减管理费用；盘亏、毁损和报废的存货，按规定程序报批并获得批准后，按实际成本扣除应由责任人或者保险公司赔偿的金额和残料价值后的余额，计入管理费用。

2. 加速存货周转，提高资金使用效率 存货在农村集体经济组织的流动资产中所占的比重较大，存货周转速度的快慢直接影响到农村集体经济组织流动资产的流动性，从而影响农村集体经济组织的流动比率及短期偿债能力。因此，应特别重视对存货流动性的分析。

存货流动性的分析一般通过存货周转率来进行。存货周转率是分析农村集体经济组织营运能力的重要指标之一，在农村集体经济组织的管理决策中被广泛地使用。存货周转率不仅可以用来衡量农村集体经济组织生产经营各环节的存货运营效率，而且可以用来评价农村集体经济组织的经营业绩，反映农村集体经济组织的绩效。

存货周转率是指一定时期内农村集体经济组织销售成本与存货平均资金占用额的比率，是衡量和评价农村集体经济组织购入存货、投入生产、销售收回等各环节管理效率的综合性指标，其含义可以理解为一个财务周期内存货周转的次数。存货周转率和存货周转天数的计算公式为：

$$存货周转率=\frac{销售成本}{存货平均余额}$$

$$存货周转天数=\frac{360}{存货周转率}$$

其中 $$存货平均余额=\frac{期初存货+期末存货}{2}$$

通过存货周转率的计算与分析，可以测定农村集体经济组织一定时期内存货资产的周转速度，是反映农村集体经济组织购、产、销平衡效率的一种尺度。存货周转率越高，表明农村集体经济组织的存货资产变现能力越强，存货及占用在存货上的资金周转速度越快。

【例 3-4】某企业 2018 年年初存货余额为 380 万元，年末存货余额为 420 万元，全年销售成本为 1 200 万元。试计算该公司 2018 年度的存货周转率和周转天数。

解：存货平均余额＝（380＋420）/2＝400（万元）

存货周转率＝1200/400＝3（次）

存货周转天数＝360/3＝120（天）

单元小结

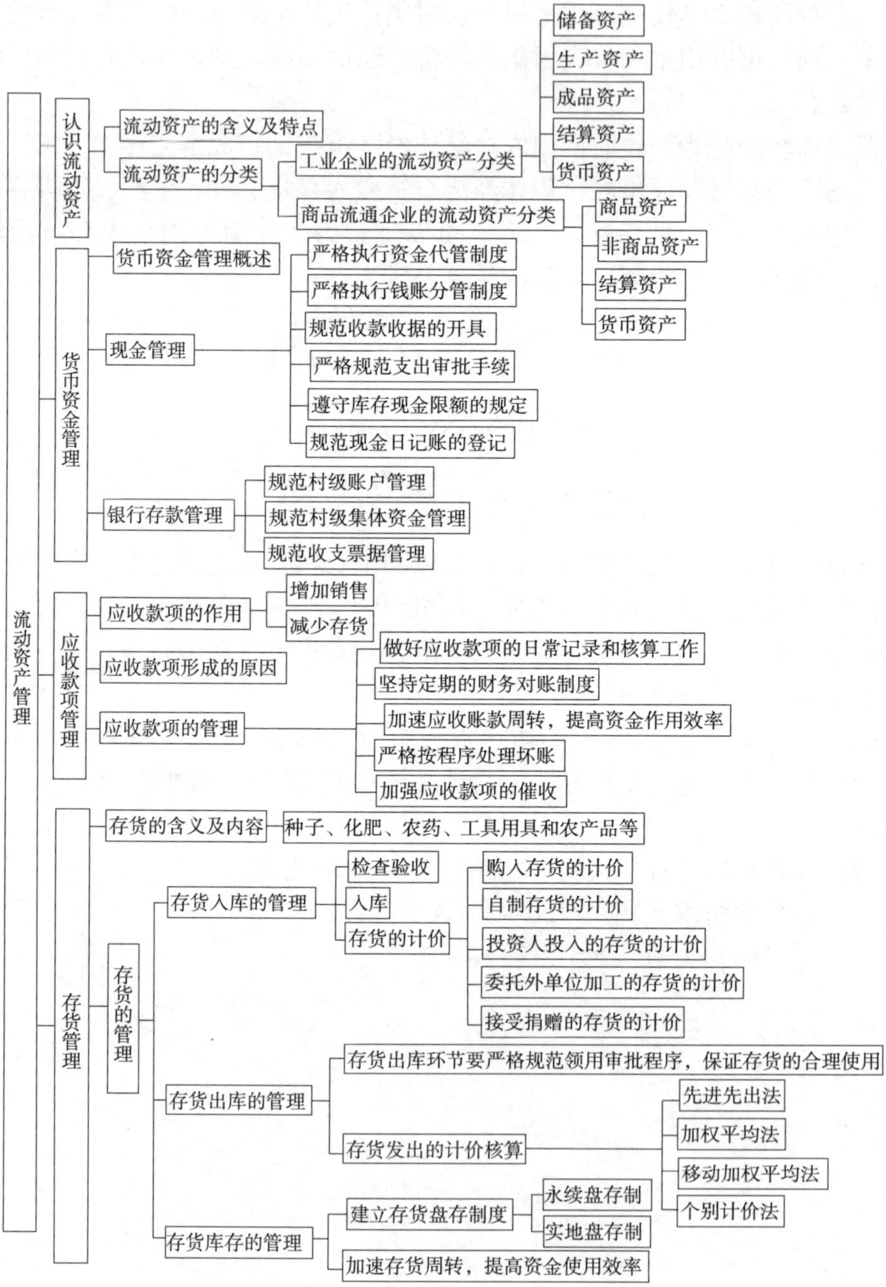

- 流动资产管理
  - 认识流动资产
    - 流动资产的含义及特点
    - 流动资产的分类
      - 工业企业的流动资产分类
        - 储备资产
        - 生产资产
        - 成品资产
        - 结算资产
        - 货币资产
      - 商品流通企业的流动资产分类
        - 商品资产
        - 非商品资产
        - 结算资产
        - 货币资产
  - 货币资金管理
    - 货币资金管理概述
    - 现金管理
      - 严格执行资金代管制度
      - 严格执行钱账分管制度
      - 规范收款收据的开具
      - 严格规范支出审批手续
      - 遵守库存现金限额的规定
      - 规范现金日记账的登记
    - 银行存款管理
      - 规范村级账户管理
      - 规范村级集体资金管理
      - 规范收支票据管理
  - 应收款项管理
    - 应收款项的作用
      - 增加销售
      - 减少存货
    - 应收款项形成的原因
    - 应收款项的管理
      - 做好应收款项的日常记录和核算工作
      - 坚持定期的财务对账制度
      - 加速应收账款周转，提高资金作用效率
      - 严格按程序处理坏账
      - 加强应收款项的催收
  - 存货管理
    - 存货的含义及内容——种子、化肥、农药、工具用具和农产品等
    - 存货的管理
      - 存货入库的管理
        - 检查验收
        - 入库
        - 存货的计价
          - 购入存货的计价
          - 自制存货的计价
          - 投资人投入的存货的计价
          - 委托外单位加工的存货的计价
          - 接受捐赠的存货的计价
      - 存货出库的管理
        - 存货出库环节要严格规范领用审批程序，保证存货的合理使用
        - 存货发出的计价核算
          - 先进先出法
          - 加权平均法
          - 移动加权平均法
          - 个别计价法
      - 存货库存的管理
        - 建立存货盘存制度
          - 永续盘存制
          - 实地盘存制
        - 加速存货周转，提高资金使用效率

思考题

1. 如何做好现金管理?

2. 如何做好银行存款管理?

3. 如何做好应收款项管理?

4. 存货发出的计价方法有哪些?

5. 某企业 2018 年 9 月 A 材料收发结存的有关资料如表 3-5 所示。期初结存单价 20.00 元。

表 3-5 A 材料收发资料

2018 年		摘要	入库		发出数量（个）	结存数量（个）
月	日		数量（个）	单价（元/个）		
9	1	期初结存				500
9	8	购入	1 000	20.00		
9	12	发出			1 200	
9	15	购入	2 000	22.00		
9	20	发出			1 300	
9	26	发出			800	200

要求：

（1）根据以上资料，采用先进先出法计算发出存货成本和期末结存存货成本。

（2）根据以上资料，采用加权平均法计算发出存货成本和期末结存存货成本。

第四单元
固定资产管理

学习目标

1. 了解固定资产的含义及特征
2. 掌握定资产的分类及计价
3. 熟悉固定资产折旧计提的依据及计提的范围
4. 掌握固定资产折旧的计算方法
5. 熟悉固定资产管理

学习任务

学习任务一　认识固定资产

一、固定资产的含义及特征

（一）固定资产的含义

固定资产是农村集体经济组织发展生产的重要物质基础，管好、用好固定资产是农村集体经济组织财务管理的重要组成部分。加强对农村集体经济组织固定资产的管理，建立健全固定资产增加、保管、使用、维修、报废、折旧、盘点等制度，使固定资产保持完好状态，不仅可以提高劳动生产率，降低生产成本，而且对合理降低固定资产资金占用量、减少浪费和闲置、保护集体财产完整具有重要意义。

固定资产是指使用期限在一年以上，单位价值在规定标准以上并且在使用过程中保持其原有物质形态的资产。具体包括：农村集体经济组织拥有或控制的房屋及建筑物、机器、设备、运输车辆、土地、公路、桥梁、堤坝、水库、干渠支渠、机井、水泥晒场及其他与生产经营有关的工具、器具等。

（二）固定资产的特征

与流动资产相比，固定资产具有以下特征：

1. 投资额较大，使用期限长 固定资产是农村集体经济组织生产经营的主要劳动手段，是创造收益的主要物质技术基础，可以长时间地使用，其物质形态不发生变化。虽然固定资产投资次数较少，但每次资金的投放量却较多。一旦投资，对当前及今后的经济效益会产生很大的影响。因此，进行固定资产投资要慎重，要面向市场，考虑各种因素的影响，兼顾当前的经济效益和长远发展，做出科学的决策。

2. 变现能力差 固定资产的实物形态主要是机器、设备、厂房等。固定资产一旦形成，再想改变其用途往往很困难。固定资产的变现能力较差。因此，进行固定资产投资必须具备战略眼光，做出有利于长远发展及获利的决策。

3. 投资风险高 由于固定资产可以长时间使用，投资回收期比较长，固定资产投资项目交付使用后的收益情况和项目寿命受各种内部、外部因素的制约，而这些因素之间的相互关系又是错综复杂的，因此在投资决策中无法对未来各因素的发展变化做出完全准确的预测。固定资产投资决策事关几年或几十年，预测准确性有限，风险较大，有必要采用专门方法进行风险决策。

4. 集中投资，分期收回 取得固定资产时，其投资金额是在初始投资时一次性支付的，即使是分次付款，也是在一个建设期内完成。固定资产在使用中发生损耗，其磨损的那部分价值以折旧形式随着产品的销售而转化为货币资金，因此其价值的回收是分次的。

二、固定资产的分类

为了方便管理，农村集体经济组织的固定资产可以分成以下类别：

1. 按用途分 固定资产可分为生产经营用固定资产和非生产经营用固定资产。

（1）生产经营用固定资产。生产经营用固定资产是指直接用于生产经营或生产服务的各种固定资产，如生产经营用房屋及建筑物、机器设备、工具、器具及农业基本建设设施等。

（2）非生产经营用固定资产。非生产经营用固定资产是指不直接用于生产经营或生产服务的各种固定资产，如浴室、医务室、幼儿园、学校等方面的用房、设备和器具等。

2. 按使用情况分 固定资产可分为使用中固定资产、未使用固定资产和不需用固定资产。

(1) 使用中固定资产。使用中固定资产是指在生产经营和非生产经营中使用的固定资产。

(2) 未使用固定资产。未使用固定资产是指尚未使用或暂停使用的固定资产。

(3) 不需用固定资产。不需用固定资产是指多余或不适用的固定资产。

3. 按所有权分 固定资产可分为自有固定资产和租入固定资产。

(1) 自有固定资产。自有固定资产是指农村集体经济组织拥有其所有权（即拥有其产权），可以按照自己的意愿使用或处置的固定资产。

(2) 租入固定资产。租入固定资产是指农村集体经济组织通过租赁的方式从外部或内部租入的固定资产。

三、固定资产的计价

固定资产的原始价值，又称固定资产的原价或原值，是指农村集体经济组织在购置或建造某项固定资产时所发生的各项支出总额。由于固定资产的形成来源不同，其入账价值的确定方法也不同。

固定资产的重置价值，又称固定资产的重置完全价值，是指在当前生产条件和市场条件下，重新购置或建造某项固定资产所需的全部支出。

固定资产的净值，又称固定资产的折余价值，是指固定资产的原始价值减去累计折旧后的余额，它反映固定资产的现有价值。固定资产的累计折旧是指固定资产因使用发生有形损耗和无形损耗而减少的那一部分价值。

1. 外购固定资产的计价 外购固定资产是指从市场上购入的固定资产。如果购置不需要安装的固定资产，可以按照买价加上采购费用、包装费、运杂费用、保险费和有关的税费等，构成固定资产的外购成本；如果购置需要安装的固定资产，在以上费用的基础上再加上安装费。固定资产购入后要及时入账，并且设立固定资产登记簿，落实管理责任，纳入固定资产正常管理范围加强管理。

2. 自行建造的固定资产的计价 农村集体经济组织自行建造的固定资产的价值确定分以下两种情况处理：

(1) 自营工程。自营工程是指农村集体经济组织自己建造的固定资产。按照建造时发生的各项支出（如材料物资、人工支出、设计及各种管理费用等）的合计数作为固定资产的价值构成。但要注意以下几个问题：①自行建造的固定资产如果需要领用本单位生产经营的商品和产品，要按照对外销售价格结算，不能按照其内部成本价和进价结算。②如果是以银行借款自行建造的自营工程，由此产生的银行借款利息应该分别处理。如果利息是在工程建造未达到可使用状态之前发生的，要进行资本化处理，即计入工程成本中；如果利息是在工程达到可使用状态后发生的，则要计入当期损益中，列入其他支出项目。

（2）发包工程。发包工程是指采用出包方式建设的自营固定资产工程。其工程的具体支出在承包单位核算，工程完工后，根据承包单位转来的成本、费用账单确定固定资产的价值。

在财务管理上，农村集体经济组织自行建造的固定资产完工后要及时履行工程的质量鉴定和验收工作等手续，要同外购固定资产一样及时列入固定资产管理范围，记账入册，以保证集体资产的安全完整。

村级公益事业建设必须经村民代表会议讨论确定，先进行项目预算，不得举债搞建设。所有的村级工程建设、采购项目必须按照村集体资金、资产和资源（以下简称“三资”）管理办法履行申报手续和招投标程序。严禁未经村民代表会议决定且未经乡（镇）政府批准的工程项目动工。村级工程建设、采购项目严禁非生产性借款和民间高息借款。村级工程建设、采购项目完工后必须组织验收，办理竣工结算，由承建方（供应方）开具税务发票，方可办理入账手续。

3. 改建和扩建的固定资产的计价　改建和扩建的固定资产价值构成是按照原有的账面价值，加上改建、扩建期间工程发生的支出，再减去固定资产改建、扩建部分的残值变价收入，作为改建和扩建的固定资产价值入账。

4. 接受捐赠的固定资产的计价　接受捐赠的固定资产是指农村集体经济组织接受社会各界捐献或赠与的固定资产。由于捐赠的设备本身一般是无偿的，农村集体经济组织只是负担接受捐赠过程中发生的杂项费用。农村集体经济组织接受捐赠的固定资产应该按以下原则进行管理：①如果接受捐赠的是全新的固定资产，应该按照随同设备转来的凭据上记载的价值再加上捐赠过程中发生的运输、保险、税金和安装调试等支出作为捐赠固定资产的入账价值。如果无凭据的，可以根据同类产品的市场价格自行确定。②如果接受捐赠的是已经使用过的固定资产，应该根据其重置价值（重新购买该类固定资产的现行价格）和成新率确定其价值。

农村集体经济组织接受捐赠的固定资产要列入固定资产正常管理范围。接受捐赠的固定资产办理完财产转移手续就视为农村集体经济组织的公有财产，应立即纳入农村集体经济组织的固定资产管理，以防流失。

5. 租入的固定资产的计价　固定资产租赁分经营性租赁和融资性租赁两种

情况，其管理上也有不同的要求。

（1）经营性租入固定资产。经营性租赁也称为短期租赁，是指承租方为解决设备的临时需要而向出租方租入的设备。租入方不拥有经营性租赁租入的固定资产的所有权，只享有该项固定资产在租赁期间的财产使用权。租赁设备的维修、保养、保险、折旧等一般由出租方负责。经营性租赁只是固定资产使用权的转让。租赁期满，农村集体经济组织应该把租入的固定资产及时归还给对方。

对于经营性租入的固定资产，农村集体经济组织要按期支付其租金，如果合同另有约定的，还要负责固定资产的维护和保养。

（2）融资性租入固定资产。融资性租赁也称为长期租赁或财务租赁，是出租方以分期或者延期付款的方式买入固定资产并出租给承租方的一种租赁形式，是一种为了解决承租方资金不足的问题，由出租方购置设备，并转租给承租方并收取租金的长期性融资方式。融资性租赁的实质也就是常说的“借鸡生蛋，以蛋还债”。一般情况下，融资性租赁交易活动要由出租方、承租方和供货商三方参与，三方要签署租赁合同和购买合同。这种租赁，对承租方来说，通过出租方出资购买租赁物，自己承租使用，分期交付租金，不用一次性花费大笔资金购置固定资产，是一种以物为载体的融资行为；对出租方来说，则是通过物权主张债权，获得货币的增值；对供货商来说，通过出租方进行融资性租赁交易是一种营销方式，扩大了产品销售渠道。所以，融资性租赁对三方都是有利的经济行为。

学习任务二　固定资产折旧的计算

固定资产因损耗而逐渐地转移到产品中的那部分价值称为固定资产折旧。固定资产由于使用其磨损价值逐渐转移到产品成本中去，构成产品价值的一部分；当产品销售取得货币收入时，转移到产品中的磨损价值随之得到补偿。固定资产折旧的大小由磨损价值的大小决定。影响固定资产折旧的主要因素有固定资产的原值、固定资产的残值、固定资产的清理费用、固定资产的使用年限等。

农村集体经济组织必须建立固定资产折旧制度，按年或按季、按月提取固定资产折旧。

一、固定资产折旧计提的范围

1. 应当计提折旧的固定资产　下列固定资产应当计提折旧：

（1）房屋和建筑物。

（2）在用的机器、设备、运输车辆、工具、器具。

（3）季节性停用或因大修理停用的固定资产。

（4）融资性租入和以经营性租赁方式租出的固定资产。

2. 不计提折旧的固定资产 下列固定资产不计提折旧：

（1）房屋、建筑物以外的未使用、不需用的固定资产。

（2）以经营性租赁方式租入的固定资产。

（3）已提足折旧继续使用的固定资产。

（4）国家规定不提折旧的其他固定资产。

小贴士

当月增加的固定资产，当月不提折旧，从下月起计提折旧；当月减少的固定资产，当月照提折旧，从下月起不提折旧。

资产提足折旧后，不管能否继续使用，均不再提取折旧；提前报废的固定资产，也不再补提折旧。

二、固定资产折旧计提的依据

1. 固定资产的账面原值 固定资产的账面原值是计提固定资产折旧的基数。

2. 固定资产的使用年限 由于很难估计固定资产的有形损耗和无形损耗，所以，固定资产的使用年限也只能预计。农村集体经济组织对固定资产使用年限的估计一般参照其他行业的标准执行。

3. 固定资产的净残值 固定资产的净残值是指固定资产报废、毁损时，预计可以收回的残余价值扣除清理费用后的余额。因此，固定资产净残值也只能预计。农村集体经济组织固定资产预计净残值率遵照国家规定，一般按照固定资产原值的3%～5%确定。

三、固定资产折旧的计算方法

目前，固定资产的折旧方法基本上分为两大类：一类是平均折旧法，如平均年限法、工作量法；另一类是加速折旧法，如双倍余额递减法、年数总和法。农村集体经济组织一般采用平均年限法和工作量法。经财政部门批准的技术进步快的企业，其机器设备可以采用双倍余额递减法或者年数总和法。

1. 平均年限法 平均年限法是根据固定资产的预计经济使用年限平均计算

折旧的一种方法。由于这种方法所计算的折旧额在各个使用年份或月份中都是相等的，累计折旧额在坐标图上表现为一条直线，因此这种方法又称为直线法。其计算公式为：

$$固定资产年折旧额=\frac{固定资产原值-预计的净残值}{预计使用年限}$$

$$固定资产月折旧额=\frac{年折旧额}{12}$$

平均年限法的计算公式还可以表现为：

$$固定资产年折旧率=\frac{固定资产年折旧额}{固定资产原值}\times100\%$$

或 $$固定资产年折旧率=\frac{1-预计净残值率}{固定资产预计使用年限}\times100\%$$

$$固定资产月折旧率=\frac{年折旧率}{12}$$

固定资产年折旧额=固定资产原值×固定资产年折旧率

固定资产月折旧额=固定资产原值×固定资产月折旧率

固定资产预计净残值，一般按照固定资产原值的3%～5%确定。

【例4-1】某村办企业生产用设备一台，设备原值为30 000元，预计清理费为1 200元，而预计残值为3 000元。使用年限为10年。试用平均年限法计算该设备的年折旧额。

解：年折旧额=［30 000－（3 000－1 200）］/10=5 640（元）

月折旧额=5 640/12=470（元）

【例4-2】某村办企业有一仓库，原值600 000元，预计使用寿命20年，预计净残值率为4%。计算该厂房的折旧率和折旧额。

解：年折旧率=（1－4%）/20×100%=4.8%

月折旧率=4.8%/12=0.4%

年折旧额=600 000×4.8%=28 800（元）

月折旧额=600 000×0.4%=2 400（元）

2. 工作量法　工作量法是将固定资产的应计折旧额在固定资产使用寿命期限内按各期完成的工作量（里程数、工作台班、工时数、总产量等）进行分摊的一种方法。其计算公式是：

$$单位工作量折旧额=\frac{固定资产原值-预计的净残值}{规定的总工作量}$$

某期应计提的折旧额=该期固定资产的实际工作量×单位工作量折旧额

【例 4-3】某村办企业一辆运输卡车，原值为 400 000 元，预计净残值率 5%，预计总行驶里程为 2 000 000 千米，当月行驶里程为 20 000 千米。计算该项固定资产的月折旧额。

解：单位里程折旧额=(400 000－400 000×5%)/2 000 000=0.19(元/千米)

本月折旧额=20 000×0.19=3 800（元）

工作量法一般适用于在各个使用期内提供的效益不均衡的固定资产，如某些价值很大而又不经常使用的大型机器、设备以及汽车、船舶等运输设备。

3. 双倍余额递减法 双倍余额递减法是在不考虑固定资产净残值的前提下，根据每个使用期期初固定资产账面净值和双倍的直线折旧法折旧率来计算固定资产折旧的一种方法。其计算公式为：

$$年折旧率=\frac{2}{预计使用年限}\times 100\%$$

$$年折旧额=年初固定资产账面净值\times 年折旧率$$

小贴士

使用双倍余额递减法计算固定资产折旧时，最后两年的折旧计算要改用直线折旧法，用后两年期初的账面净值减净残值，然后再除以 2 作为最后两年的折旧额。最后两年每年的折旧额=（账面净值－预计净残值）/2。

【例 4-4】某项固定资产原始价值为 400 000 元，预计净残值 10 000 元，预计使用寿命 5 年，采用双倍余额递减法计算各年折旧额。

解：年折旧率=2/5×100%=40%

第一年折旧额=400 000×40%=160 000（元）

第二年折旧额=（400 000－160 000）×40%=96 000（元）

第三年折旧额=（400 000－160 000－96 000）×40%=57 600（元）

第四年折旧额=（400 000－160 000－96 000－57 600－10 000）/2=38 200（元）

第五年同第四年，折旧额为 38 200 元

5 年累计折旧额=160 000+96 000+57 600+38 200+38 200=390 000(元)

4. 年数总和法 年数总和法又称年限合计法，是以固定资产预计使用年限的各年度数字之和为分母，以该年度固定资产可供继续使用的年数为分子，作为各年的折旧率，乘以固定资产应提折旧额计算各年的折旧额。计算公式如下：

年折旧率=尚可使用年限/折旧年限总和×100%

其中　　　　尚可使用年限＝预计使用年限－已使用年限

折旧年限总和＝1＋2＋3＋…＋n＝n×（n＋1）/2（n 为预计使用年限）

年折旧额＝（固定资产原值－预计净残值）×年折旧率

【例 4-5】沿用例 4-4 的有关资料，采用年数总和法计算各年折旧额。

解：第一年折旧额＝（400 000－10 000）×5/15＝130 000（元）

第二年折旧额＝（400 000－10 000）×4/15＝104 000（元）

第三年折旧额＝（400 000－10 000）×3/15＝78 000（元）

第四年折旧额＝（400 000－10 000）×2/15＝52 000（元）

第五年折旧额＝（400 000－10 000）×1/15＝26 000（元）

5 年累计折旧额＝130 000＋104 000＋78 000＋52 000＋26 000

＝390 000（元）

农村集体经济组织必须建立固定资产折旧制度，按年或按月正确提取固定资产折旧。计提折旧时可运用的方法是多种多样的，但是折旧方法一经选定就不得随意变更。

学习任务三　固定资产的管理

一、固定资产增加或减少的管理

1. 固定资产增加的管理

（1）对新购置的固定资产，必须编制购置预算，批准后方可购置。农村集体经济组织财会部门应按批准购置固定资产项目和标准使用资金。

（2）对新建的固定资产，必须编制施工预算，批准后方可建设。工程项目竣工验收后，核定固定资产原值，进行登记、编号。

（3）对于投资者投入的固定资产，应核实其价值确认是否合理，有关手续、凭证是否齐全。

（4）对其他形式增加的固定资产，主要审查其价值确认是否合理，手续是否完备，程序是否符合规定。

2. 固定资产减少的管理

（1）固定资产出售，应合理确定固定资产出售价格，按规定办理审批手续，办理好出售合同和财务手续，及时收回款项。

（2）固定资产对外投资，应合理确定投资价值，按规定审批后，办理好投资手续。

（3）固定资产报废，应查明原因，按规定办理报废手续。如因不正当原因报废的，应追查有关人员责任。农村集体经济组织财会人员应根据报废手续正确处理好账务，及时收取残值。

（4）固定资产盘亏，应填制固定资产盘亏报告表，并查明盘亏原因，待盘亏报告批准后作其他支出处理。

二、固定资产的日常管理

农村集体经济组织的公益性固定资产如道路、桥梁、水利渠道、电力设施等分布比较分散，管理难度较大。为了保证集体财产的安全、完整和有效使用，农村集体经济组织应该加强对固定资产的管理和控制。固定资产的日常管理主要包括固定资产的价值管理和实物管理两部分。一般来说，应该做好以下几个方面的工作：

1. 建立固定资产管理制度

（1）建立固定资产保管使用制度、清查制度等。

（2）确定管理人员，建立岗位责任制，确保固定资产实物有专人管理，并按照制度规定及时清查固定资产。

（3）明确固定资产的购置审批程序，要将固定资产购置和建设置于民主决策的轨道上，以避免决策失误。

2. 设置固定资产管理账册，建立台账制度 农村集体经济组织所有的房屋、建筑物、机器、设备、工具、器具和农业基本建设设施等固定资产，要按资产的类别建立固定资产台账，及时记录资产增减变动情况。固定资产台账的内容主要包括固定资产的名称、类别、数量、单位、购置或建造时间、预计使用年限、原始价值、折旧额、净值等。实行固定资产承包、租赁经营的，还应当登记承包、租赁单位（人员）名称，承包费或租赁金，以及承包、租赁期限等。固定资产已出让或报废的，应当及时核销。此外，还要建立固定资产实物管理卡片等辅助性账册，随时登记其变动情况，掌握固定资产所在地点、资产状况、责任人的实际情况，确保集体财产的安全。

3. 建立健全固定资产承包、租赁、出让制度 农村集体经济组织的固定资产实行承包、租赁、出让，应当制订相关方案，明确固定资产的名称、数量、用途，承包、租赁、出让的条件及价格，以及是否招投标等事项。同时，还要履行民主程序。农村集体经济组织的固定资产承包、租赁、出让经营时，应当签订经济合同，明确双方的权利、义务、违约责任等，并向全体成员公开。经济合同及有关资料应当及时归档并报乡（镇）农村经营管理站备案。对出租的固定资产，农村集体经济组织应该按合同及时收取租赁收入并正常提取折旧，到期时应该及时收回固定资产。

4. 严格履行固定资产处置手续 农村集体经济组织的固定资产需要进行转让、出租、对外投资或报废等处理时，应该经农村集体经济组织成员会议或成员代表会议讨论通过，然后进行公示，并严格履行财务会计手续，及时进行账务处理。

在处理固定资产时，对以下几种情况，农村集体经济组织的财务部门应该按制度和管理要求采用不同办法进行处理：①对尚有一定使用价值但技术过时、能源消耗过大的机器设备，应该提请及时淘汰；②对使用时间过长、已无修复价值的固定资产，应该及时清理报废，并将残值收入及时入账；③对因责任事故造成固定资产损失或报废的，应该追究有关人员的责任。

5. 建立固定资产清查制度 要定期进行固定资产清查，重点清查核实农村集体经济组织所有的各类资产，做到账实相符，保证资产的保值、增值。

单元小结

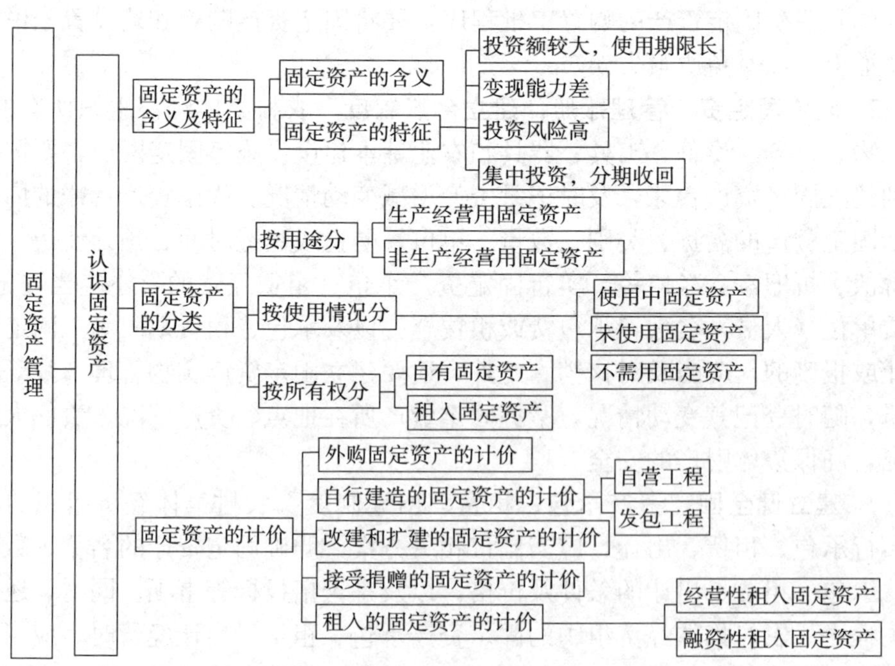

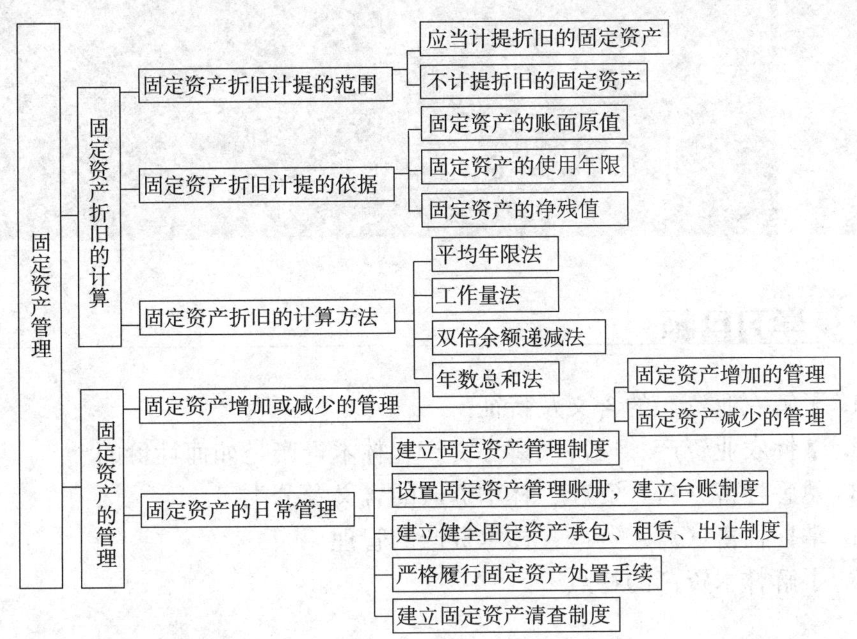

复习思考题

1. 简述固定资产的含义及特征。

2. 简述固定资产折旧计提的范围及计提的依据。

3. 固定资产折旧的计算方法有哪些？

4. 如何做好固定资产的日常管理？

5. 某村办企业有一厂房，原值 4 200 000 元，预计使用寿命 30 年，预计净残值率为 5%。试用平均年限法计算该厂房年折旧额。

6. 某项固定资产原始价值为 600 000 元，预计净残值 20 000 元，预计使用寿命为 5 年。

要求：

（1）采用双倍余额递减法计算该项固定资产各年折旧额。

（2）采用年数总和法计算该项固定资产各年折旧额。

第五单元 农业资产管理

学习目标

1. 了解农业资产的含义及特征
2. 掌握农业资产、牲畜（禽）资产、林木资产是如何计价的
3. 熟悉牲畜（禽）资产、林木资产的含义及分类
4. 掌握牲畜（禽）资产、林木资产的管理
5. 了解林木资产的特点

学习任务

学习任务一　认识农业资产

一、农业资产的含义

农业资产是指农村集体经济组织拥有的牲畜（禽）和林木方面的资源，包括牲畜（禽）资产和林木资产两大部分。从形态上看，农业资产主要是活的动物和植物等生物资产。农业资产的范围包括牲畜（禽）资产的幼畜（禽）、育肥畜（禽）、产畜（禽）及役畜，以及林木资产的经济林木和非经济林木。

二、农业资产的特征

1. 农业资产是自然再生产和经济再生产的统一体　农业资产可以靠自然生长而自然增值，有自我生长、发育、繁殖和衰退的自然规律。同时，也有人的劳动附加之上而形成的价值。因此，农业资产是自然再生产和经济再生产的统一体。

2. 农业资产具有多样性　农业资产包括的范围很广，种类繁多，不同类型的农业资产具有不同的生长发育和衰老规律，例如植物和动物的生长发育规律完全不同。这个特点决定了在对不同的农业资产的生产经营和财务管理上应该分别采用不同的方法。

3. 农业资产的生命周期不同 有的农业资产生命周期很长，如林木的生命周期长达十几年或几十年甚至更长；有的农业资产生命周期又很短，在一年之内。因此，在对不同的农业资产的财务管理上也应该区别不同情况，采用合适的方法来反映其成本、费用，计算其价值。

4. 农业资产具有流动资产和长期资产的双重特征，并可以相互转化 农业资产中，对一些家畜（禽）如牛、羊、兔、鸡等，如果单纯以肉食为目的，一般只利用一次，这时，这些家畜（禽）具有流动资产的特征；如果是以取得其仔、乳、毛、蛋为目的，这些资产就可以多次利用，在生命周期内不断繁衍，这时它们还具有固定资产的特征。

5. 农业资产的地域特征强 由于动植物依赖自然环境而生长，各地自然条件的差异往往影响和决定不同动植物的品种、生长速度和质量及特色。例如，温度、土壤条件、光照、降水等自然条件决定了农业资产的品种、产量和质量及特色。

6. 农业资产的维持等后续费用连续不断 农业资产投入后，为了维持农业资产的存活和高产稳产，需要在农业资产整个生长和存活期间进行不间断的连续投入。

三、农业资产的计价

(1) 购入的农业资产，应该按照其购买价格加上相关的运输、包装、保险及税金等支出作为初始计价成本。

(2) 幼畜（禽）及育肥畜（禽）的饲养费用、经济林木投产前的培植费用和非经济林木郁闭前的培植费用，按实际成本计入相关资产成本。

(3) 产畜（禽）及役畜、经济林木投产后，应将其成本扣除预计残值后的部分在其正常生产周期内按直线法分期摊销。预计净残值按照产畜（禽）及役畜、经济林木成本的5%确定。

(4) 产畜（禽）及役畜的饲养费用作为期间费用，计入各期的经营支出中。购入或营造的经济林木投产后发生的管护费用计入期间费用，非经济林木郁闭后发生的管护费用计入其他支出。

(5) 已提足折旧但未处理仍继续使用的产畜(禽)及役畜、经济林木，不再摊销。

(6) 农业资产死亡毁损时，按规定程序批准后，按实际成本扣除应由责任人或者保险公司赔偿的金额后的差额，计入其他支出。

学习任务二　牲畜（禽）资产管理

一、牲畜（禽）资产的含义及分类

（一）牲畜（禽）资产的含义

牲畜（禽）资产是指农村集体经济组织购入或自行培育的牲畜和家禽类资产，属于活的动物资产，常见的有牛、羊、马、仔猪、仔鸡等。包括消耗性的幼畜（禽）及育肥畜（禽）和生产性的产畜（禽）及役畜。

（二）牲畜（禽）资产的分类

牲畜（禽）资产可以按照用途分成以下几类：

1. 幼畜（禽）及育肥畜（禽）　幼畜（禽）是指尚未成龄的畜（禽）类资产，包括未成龄的牛、马、鸡、鹅、猪等。育肥畜（禽）是指达到一定的生长期，但尚未出售的畜（禽）类。这一部分牲畜（禽）资产的饲养目的是出售，供人类消费，属于消耗性牲畜（禽）资产。

2. 产畜（禽）及役畜　产畜（禽）是指用来生产畜（禽）类农产品的生产性农业资产，如母猪和母鸡用来生产小猪和产蛋，生产出人们需要的农产品。役畜则是指供人用来役使出力的牲畜，如用来耕地和运输的牛、马、驴、骡，属于生产性牲畜（禽）资产。

此外，对特色养殖（如蜜蜂、狐狸等养殖）的动物、一些农村为开展特色旅游而饲养的动物等，也应该按照消耗性和生产性特点分类，归到以上相应的类别中进行管理。

二、牲畜（禽）资产的计价

1. 外购的幼畜（禽）及育肥畜（禽）　外购的幼畜（禽）及育肥畜（禽），应该按照购买时实际支付的价款和应该负担的运杂费等计算其初始成本。

2. 自行繁育和养殖的幼畜（禽）　自行繁育和养殖的幼畜（禽），按照平时各项支出（包括应该负担的各项摊销费用）累计计算成本。

以上两类幼畜（禽）及育肥畜（禽）在饲养期间发生的饲养费用要进行资本化处理，计入牲畜（禽）资产价值中。

3. 幼畜（禽）成龄转为产畜（禽）及役畜　当幼畜（禽）成龄时，应该转到产畜（禽）及役畜类进行管理，之后发生的各项费用不能资本化，不再计入牲畜（禽）资产价值，而是列入当期经营费用中。

4. 产畜（禽）及役畜转为育肥畜（禽） 当产畜（禽）及役畜过了产龄和役龄后，就要转为育肥畜（禽），以待育肥后出售。在财务上应该将其成本从产畜（禽）及役畜划转为育肥畜（禽）。

5. 从其他来源取得的牲畜（禽）资产 从其他来源取得的牲畜（禽）资产，按照当时取得时的实际情况确认。如果是捐赠的牲畜（禽）资产，应该按照所附发票上记载的金额加上实际发生的杂项费用计算其成本；如果没有价值证明的牲畜（禽）资产，应该以市场价格作为取得资产的入账价值；如果是投资者投入的牲畜（禽）资产，应按照合同商定的价值作为取得成本。

6. 牲畜（禽）资产减少的处理 农村集体经济组织牲畜（禽）资产减少的情况主要有对外销售、对外投资、死亡毁损等。农村集体经济组织财务部门应该及时履行手续，作好账务处理。

三、牲畜（禽）资产的管理

牲畜（禽）资产的养殖风险比较大，如果品种选择不好，平时饲养、防疫等管理不到位，销售市场开拓不好，会给农村集体经济组织带来经济损失。因此要加强牲畜（禽）资产的日常管理。

在养殖项目的选择上应该注重特色。要积极采用新品种、新技术，并积极创造和培养品牌项目。注意传统养殖和科学管理相结合，发展特色优势明显的农业主导产品或特色品牌，从而大幅度提升牲畜（禽）资产的经济效益和综合竞争力。

要抓好规模化养殖。实现规模化养殖既可增加经济效益和抵抗市场风险的能力，还可以享受到一定的社会服务，如科技服务、防疫服务、金融服务和政府的养殖补贴等，还可以占有更多的销售市场份额。

学习任务三 林木资产管理

一、林木资产的含义及分类

林木资产是指农村集体经济组织农业资产中的植物资产。林木资产一般可分为经济林木和非经济林木两种。

1. 经济林木 经济林木是指以利用林木的果实、种子、树皮、花、叶、根、树脂等生产果品、食用油料、工业原料和药材等为主要目的的林木资源，如橡胶树、苹果树、梨树、核桃树等。

2. 非经济林木 非经济林木是农村集体经济组织拥有的以育材、薪炭为主要利用目的的林木资源。

在实际工作中，农村集体经济组织还负责村庄周边的国有生态林（如防风林、固沙林和水土涵养林等）、绿化林等的管理，但只负责对这些林木的日常管护，当地政府给予一定的看护补贴，所以不在以上资产范围内。此外，村民利用房前、屋后和墓地栽种的林木，在办理了林业产权证后，由个人负责管理，也不在以上资产范围内。

二、林木资产的特点

林业生产属于栽培业生产。林木资产除了具有以上介绍的农业资产的共有特点外，与其他资产相比，林木资产还具有以下特点：

1. 生产周期长，资金周转缓慢，贡献方式不断变化 林木资产是由人力和自然力共同作用而形成的资产。林木的生长周期长，一般来说，林业资产的培植期至少需要 3 年，短则十余年，长则几十年甚至上百年。其成长和成材在很大程度上受自然因素的影响。其形态伴随生长阶段而发生变化，其价值和发挥作用的方式也随生长阶段而发生变化。

2. 生产的高风险 由于生长时间长，林木生长状况和未来林木市场的价格变化无法准确预测。特别是随着科技发展，林木的新型代用材料不断出现，会给林木资产的管理和未来收益带来许多不确定性因素。因此林木资产的生产具有一定高风险性。

3. 具有可再生性 林业资产是可再生性资产，可以永久利用。但是，如果保护不当，也会造成林木资产的破坏与衰亡。

4. 会产生综合效益，即经济效益、生态效益和社会效益 农村集体经济组织利用山岭、沟壑和荒地及田间、地头种植林木，发展林业，既可以积累林木资产，又增加了植被，提高了森林覆盖率，改善了自然环境，使经济效益、生态效益和社会效益同时得到增长。

三、林木资产的计价

1. 林木资产成本的计算

（1）经济林木。对农村集体经济组织自己培育的经济林木，要按照培育期间发生的各种费用归集成本。对从外地购入的经济林木，按照其购买价加上各种应该负担的运杂费用等归集成本。

对经济林木来说，购入和培育后一直到林木投产前发生的各项费用，称为培植费用。对投产前期发生的培植费用，要按照实际发生的材料、工资和应负担的其他费用归集成本、费用，进行资本化处理，即计入林木资产价值中；对投产后发生的管护费用，要按照实际发生的各项费用归集，不作资本化处理，在经营支出中列支；将投产前各期累计的成本总额，在预计的生产周期内进行分摊，计入各期成本、费用中。

（2）非经济林木。对农村集体经济组织自己培育和购入的非经济林木，可以按照以上经济林木的办法处理，即：郁闭前发生的各项培植费用，应该按照材料、工资、各项费用归集，进行资本化处理，计入林木资产价值中；郁闭后发生的管护费用，包括工资、材料等，列入其他支出项目，不作资本化处理。

2. 林木资产的处理　农村集体经济组织林木资产的处理主要有采伐出售、对外投资和偷盗、死亡毁损等几种情况，其财务处理应该按照以下原则进行：

（1）采伐出售。要按照林业政策规定，经林业部门批准采伐出售的林木资产，应该及时收回货款，并及时结转成本。

（2）对外投资。如果农村集体经济组织将林木资产作为对外投资资本时，首先应该对林木资产进行资产评估，以评估的价值作为投资双方的基础价格。当双方确定了最终价格后，确定的数额与平时成本积累的数额如有差异，则在公积公益金项目内调整，进行账面处理。如合同确定的金额大于总成本额，溢价部分增加公积公益金；如果合同确定的金额少于实际总成本，其差额部分则减少公积公益金。

（3）偷盗、死亡毁损。当林木资产发生被偷盗或自然毁损时，应该比照牲畜（禽）资产的处理原则和程序进行处理。已投保的，向保险公司索赔；属于责任事故的，由事故责任人负责赔偿损失。

四、林木资产的管理

1. 建立林木资产的实物管理制度　要有明确的分工负责制度，并建立实物管理账册，科学管理，保证林木资产的安全完整，并保持旺盛的生长状态。

2. 加强价值量的管理　要建立核算管理制度，特别是成本管理制度，控制成本、费用支出，努力降低成本、费用消耗，保证林木资产在将来能取得经济效益。

3. 注意对林木资源的合理利用和保护　在林木生长周期内，为解决生产周期长、资金周转缓慢的问题，要在林种选择上注意长短结合、以短养长，正确处理采伐与更新的关系，提高林业资产所能带来的经济效益、生态效益和社会效益。

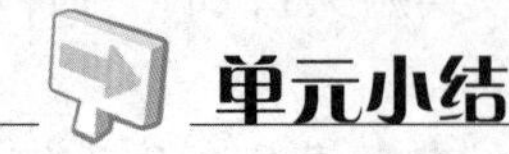

单元小结

- 农业资产管理
  - 认识农业资产
    - 农业资产的含义
      - 农业资产是自然再生产和经济再生产的统一体
    - 农业资产的特征
      - 农业资产具有多样性
      - 农业资产的生命周期不同
      - 农业资产具有流动资产和长期资产的双重特征，并可以相互转化
      - 农业资产的地域特征强
      - 农业资产的维持等后续费用连续不断
    - 农业资产的计价
      - 购入的农业资产，应该按照其购买价格加上相关的运输、包装、保险及税金等支出作为初始计价成本
      - 幼畜（禽）及育肥畜（禽）的饲养费用、经济林木投产前的培植费用和非经济林木郁闭前的培植费用，按实际成本计入相关资产成本
      - 产畜（禽）及役畜、经济林木投产后，应将其成本扣除预计残值后的部分在其正常生产周期内按直线法分期摊销
      - 产畜（禽）及役畜的饲养费用作为期间费用，计入各期的经营支出中。购入或营造的经济林木投产后发生的管护费用计入期间费用，非经济林木郁闭后发生的管护费用计入其他支出
      - 已提足折旧但未处理仍继续使用的产畜（禽）及役畜、经济林木，不再摊销
      - 农业资产死亡毁损时，按规定程序批准后，按实际成本扣除应由责任人或者保险公司赔偿的金额后的差额，计入其他支出
  - 牲畜（禽）资产管理
    - 牲畜（禽）资产的含义及分类
      - 牲畜（禽）资产的含义
      - 牲畜（禽）资产的分类
        - 幼畜（禽）及育肥畜（禽）
        - 产畜（禽）及役畜
    - 牲畜（禽）资产的计价
      - 外购的幼畜（禽）及育肥畜（禽）
      - 自行繁育和养殖的幼畜（禽）
      - 幼畜（禽）成龄转做产畜（禽）及役畜
      - 产畜（禽）及役畜转为育肥畜（禽）
      - 从其他来源取得的牲畜（禽）资产
    - 牲畜（禽）资产的管理
      - 牲畜（禽）资产减少的处理
  - 林木资产管理
    - 林木资产的含义及分类
      - 林木资产的含义
      - 林木资产的分类
        - 经济林木
        - 非经济林木
    - 林木资产的特点
      - 生产周期长，资金周转缓慢，贡献方式不断变化
      - 生产的高风险
      - 具有可再生性
      - 会产生综合效益，即经济效益、生态效益和社会效益
    - 林木资产的计价
      - 林木资产成本的计算
        - 经济林木
        - 非经济林木
      - 林木资产的处理
        - 采伐出售
        - 对外投资
        - 偷盗、死亡毁损
    - 林木资产的管理
      - 建立林木资产的实物管理制度
      - 加强价值量的管理
      - 注意对林木资源的合理利用和保护

思考题

1. 简述农业资产的特征。
2. 简述农业资产、牲畜（禽）资产是如何计价的。
3. 什么是农业资产、牲畜（禽）资产、林木资产？
4. 简述牲畜（禽）资产、林木资产是如何管理的。
5. 林木资产的特点有哪些？

第六单元 农村集体资源管理

学习目标

1. 理解农村集体资源的含义及特征
2. 掌握农村集体资源的分类
3. 理解加强农村集体资源管理的意义
4. 熟悉农村集体资源管理的原则
5. 掌握农村集体资源管理的内容

学习任务

学习任务一　认识农村集体资源

一、农村集体资源的含义及特征

1. 农村集体资源的含义　农村集体资源是指法律、法规规定属于农村集体所有的自然资源。农村集体自然资源主要有土地、林地、山岭、草地、荒地、滩涂、水面等。从广义上讲，农村集体资源是指在农村行政村管辖之内的属于村民小组及全体村民所有的资源；从狭义上讲，农村集体资源是指农民家庭承包地之外由全体村民或村民小组所有的资源。

2. 农村集体资源的特征　农村集体资源是农村最重要的生产资料，是农村经济发展的基础。农村集体资源具有以下特征：

（1）真实存在，容易辨认。农村集体资源从外部形态讲，比较好理解，都是我们可以看到的，例如土地、林地等，有具体的方位，真实存在。

（2）权属共有，动态调节。农村集体资源区别于其他资源的特征是权利归属。它归属于某个村民小组、某村的全体村民，但同时又不直接归属于某个人，其所有权人是动态的、不断变化的。

（3）可被开发利用，具有经济价值。农村集体资源都可以通过开发利用给村集体带来经济效益。例如，耕地可以种植粮食及其他经济作物，草地可以放牧牛羊，为农民带来经济利益。农村集体经济组织可以通过对农村集体资源的开发利用来壮大集体经济。例如，一些城市郊区的农村利用集体土地资源建设厂房、各类市场，为农村集体带来可观的收入。

二、农村集体资源的分类

农村集体资源在日常生活中一般都是按自然形态进行分类，主要有土地、森林、山岭、草地、荒地、滩涂、水域等七大类自然资源。但在工作中，为了各种需要还有很多分类的方法。

1. 按用途分类

（1）农业使用资源。农业使用资源包括种植业、林业、畜牧业和渔业生产的土地，还有荒山、荒沟、荒丘、荒滩等“四荒”地。

（2）非农业使用资源。非农业使用资源是指已用于非农业目的的土地资源，包括农民宅基地、乡（镇）村企业用地、乡（镇）村公共设施及公益事业用地等。

2. 从经济角度分类

（1）经营性资源。例如，用于集体投资兴办的企业就属于经营性资源。

（2）非经营性资源。例如，用于公共服务的教育、科技、文化、卫生、体育等方面的资源就属于非经营性资源。

学习任务二　农村集体资源的管理

一、加强农村集体资源管理的意义

农村集体资源属于农村（组）集体经济组织全体成员集体所有，是发展农村经济和实现农民共同富裕的重要物质基础。加强农村集体资源管理，有利于稳定和完善农村基本经营制度，维护集体经济组织和农民群众的合法权益；有利于盘活农村集体存量资产，增加农民财产性收入；有利于壮大农村集体经济实力，增强集体组织为农户服务的功能；有利于推进农村党风廉政建设，密切党群、干群关系。

二、农村集体资源管理的原则

1. 民主 农村集体资源管理要充分体现农民群众的主体地位，要保障农村集体经济组织成员对“三资”（即资金、资产、资源）占有、使用、收益和分配的知情权、决策权、管理权、监督权，切实维护农民的权益。

2. 公开 资金的使用和收益应当向农村集体经济组织全体成员公开，资产和资源的承包、租赁、出让应当实行招投标或公开竞价。

3. 成员受益 要遵循“三资”管理的规律和特点，采取不同的经营模式和管理方式。提高经营管理水平，节本增效，确保“三资”的安全和保值增值，让农民群众随着集体经济的发展壮大得到更多的实惠。

三、农村集体资源管理的内容

（一）农村集体资源的登记

农村集体资源包括农村集体所有的土地、林地、园地、草地、“四荒”地、水面、宅基地等资源。

农村集体资源的登记是经营管理的基础性工作。法律规定属于农村集体所有的土地、林地、草地、荒地、滩涂等农村集体资源，应当建立农村集体资源登记簿，逐项记录。农村集体资源登记簿的主要内容包括农村集体资源的名称、类别、坐落、四至范围、面积等。实行承包、租赁经营的农村集体资源，还应当登记资源承包、租赁单位（个人）的名称，地址，承包、租赁资源的用途，承包费或租赁金，期限和起止日期等。农村集体建设用地以及发生农村集体建设用地使用权出让事项等要重点记录。

实行农村集体“三资”乡（镇）代理服务的，还要将登记情况报乡（镇）“三资”代理服务中心。每年对农村集体资源进行检查、清理，防止农村集体资源流失，并将清理、检查结果张榜公布，同时对变动情况也要及时登记上报，实行动态管理。

（二）农村集体资源的经营管理

农村集体经济组织依法自主决定农村集体资源的经营方式。经营方式包括农村集体经济组织直接经营、承包经营、租赁经营、联营、股份合作经营或政策允许的其他经营方式。

农村集体经济组织直接经营的，必须提出经营目标，明确经营责任，定期考核兑现，确保农村集体资源不流失，并保值、增值。

农村集体资源的经营可以实行所有权与经营权分离，按照平等、公开和资产保值增值的原则实行承包或租赁经营，依法签订书面经营合同。在同等条件下，本农村集体经济组织内部成员有优先承包权。

农村集体资源无论采取何种经营方式，其经营方案都应由村民委员会提出，交村民代表会议讨论通过，报乡（镇）“三资”代理服务中心审核，经乡（镇）人民政府批准后，委托乡（镇）集体产权交易中心按规定实施。

（三）农村集体资源承包、租赁合同管理

农村集体资源的承包、租赁应当签订书面协议，统一编号，实行合同管理。合同应当使用统一印制的格式合同文本，明确双方的权利、义务、违约责任等。

实行家庭承包的农村集体土地应逐户签订合同，颁发承包合同书和经营权证书。土地流转合同发生变化时，应及时进行合同变更。

农村集体资源的承包、租赁合同及有关资料应及时归档，并报乡（镇）“三资”代理服务中心备案。农村集体资源承包、租赁产生的收入归农村集体所有。

（四）农村集体资源的处置

农村集体所有且没有采取家庭承包方式的荒山、荒沟、荒丘、荒滩，以及果园、养殖水面等农村集体资源的承包、租赁，应当采取公开协商或者招投标的方式进行。

以公开协商方式承包、租赁农村集体资源的，必须在有乡（镇）“三资”代理服务中心、村务监督机构成员在场的情况下约定承包费、租赁金，并签订承包、租赁协议。

以招投标方式承包、租赁农村集体资源的，承包费、租赁金应当通过公开竞标、竞价确定。招标应当确定方案，载明招标人的名称和地址，明确项目的名称、数量、用途、期限、标底等内容。招标方案必须履行民主程序，并将竞标、竞价结果及时张榜公示，接受群众监督。在招标中，同等条件下，本集体经济组织成员享有优先中标权。招投标方案、招标公告、招标合同和相关资料应当报乡（镇）“三资”代理服务中心备案。

（五）农村集体资源收益的核算

农村集体资源承包、租赁产生的收入归农村集体所有，纳入账内核算，并按

时公开。

农村集体建设用地收益实行专项管理制度。农村集体建设用地是农村集体资产和资源的重要组成部分，其收益归农村集体经济组织所有，主要用于发展生产、增加集体积累、投入集体福利和公益事业等方面，改善农民的生产生活条件，不得用于发放干部报酬等非生产性支出。农村集体建设用地收益要纳入账内核算，严格实行专户存储、专账管理、专款专用、专项审计监督。

单元小结

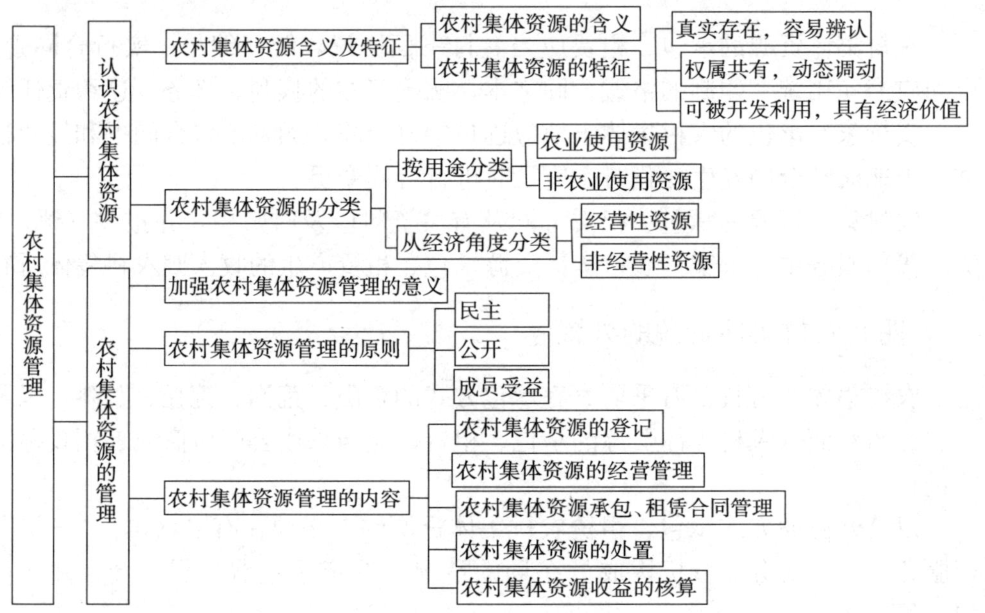

复习思考题

1. 简述农村集体资源的含义及特征。
2. 简述农村集体资源管理的意义。
3. 农村集体资源管理的原则有哪些?
4. 农村集体资源管理的内容是什么?

第七单元 投资管理

学习目标

1. 了解投资的含义及意义
2. 知晓项目投资的程序
3. 熟悉项目计算期的构成和项目资金构成内容
4. 了解现金流量的含义及构成
5. 掌握现金流量的内容
6. 掌握现金净流量的分析与计算
7. 掌握项目投资决策的评价方法

学习任务

学习任务一　投资管理概述

一、投资的含义及分类

（一）投资的含义

投资活动是企业重要的财务活动之一。有效的投资活动能达到企业资源的最佳配置和生产要素的最优组合，能够提高企业的获利水平。但是，投资活动具有所需资金量大、风险高的特点，因此企业在进行投资决策时一定要慎重。否则，一旦决策失误，将给企业带来不可估量的损失。

农村集体经济组织的投资活动是指为了期望获得更大的收益，将一部分资源投入到一定的项目上或者让渡给对方使用的行为。农村集体经济组织可以用来投资的资源主要有货币资产、土地使用权、林地经营权和林木所有权、农业资产、固定资产和无形资产等。

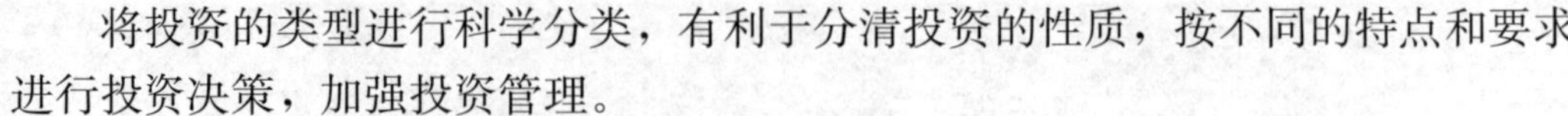

将投资的类型进行科学分类，有利于分清投资的性质，按不同的特点和要求进行投资决策，加强投资管理。

（二）投资的分类

1. 按资金投出方向分类 投资可分为对内投资和对外投资。

（1）对内投资。对内投资是指企业将资金投放于为取得供本企业生产经营使用的固定资产、无形资产、其他资产和垫支流动资金而形成的一种投资。

（2）对外投资。对外投资是指向本企业范围以外的其他单位的资金投放，是指企业为购买国家及其他企业发行的有价证券或其他金融产品（包括期货与期权、信托、保险），或以货币资金、实物资产、无形资产向其他企业投入资产而发生的投资。

2. 按投资对象的存在形态分类 投资可分为项目投资和证券投资。

（1）项目投资。项目投资是以特定项目为对象的投资行为，主要是购买具有实质内涵的经营资产（包括有形资产和无形资产），形成具体的生产经营能力，开展实质性的生产经营活动，谋取经营利润。项目投资可分为单纯固定资产项目投资、完整工业项目投资和更新改造项目投资三种。项目投资的目的在于改善生产条件、扩大生产能力，以获取更多的经营利润。

（2）证券投资。证券投资是以有价证券为对象的投资行为，主要是购买证券资产，通过证券资产所赋予的权利，间接控制被投资企业的生产经营活动，获取投资收益。证券投资可以分为股票投资、债券投资和其他有价证券投资三种。股票投资的目的在于通过持有股票获取投资收益，或控制其他企业的财务或经营政策，并不直接涉及具体生产经营过程；债券投资和其他有价证券投资的目的在于合理利用暂时闲置的资金，调节现金余额，获得稳定收益。证券投资有利于调节资金投向，提高资金使用效率，从而引导资源合理流动，实现资源的优化配置。

二、企业投资的意义

企业需要通过投资活动合理优化配置各类资产和资源，形成生产能力，取得未来的经济利益。

1. 投资是企业生存与发展的基本前提 企业的生产经营就是企业资产的运用和资产形态的转换过程。投资是一种资本性支出的行为。通过投资支出，企业购置流动资产和长期资产，形成生产条件和生产能力。通过投资可以确立企业的经营方向，配置企业的各类资产，并将它们有机地结合起来，形成企业的综合生产经营能力。如果企业想要进军一个新兴行业或者开发一种新产品，都需要先进行投资。因此，投资决策的正确与否直接关系到企业的兴衰成败。

2. 投资是获取利润的基本前提 企业投资的目的是通过预先垫付一定数量的货币或实物形态的资本，购置企业的各类资产，从事某类经营活动，获取未来的经济利益。通过投资形成了生产经营能力，企业才能开展具体的经营活动，获取经营利润。那些以购买股票、债券等有价证券方式向其他单位的投资，既可以通过取得股利或债息来获取投资收益，也可以通过转让证券来获取资本利得。

3. 投资是企业风险控制的重要手段 企业的经营面临着各种风险，其中有来自市场竞争的风险，有资金周转的风险，还有原材料涨价、费用居高等成本的风险。通过投资，可以将资金投向企业生产经营薄弱的环节，使企业的生产经营能力配套、平衡、协调。通过投资，可以实现多元化经营，将资金投向与企业经营相关程度较低的不同产品或不同行业，分散风险，稳定收益来源，降低资产的流动性风险、变现风险，增强资产的安全性。因此，投资是企业风险控制的重要手段。

学习任务二 项目投资管理

一、项目投资含义及特点

（一）项目投资的含义

项目投资是一种以特定项目为对象，直接与新建项目或更新改造项目有关的长期投资行为。项目投资主要包括新建项目（含单纯固定资产投资项目和完整工业投资项目）和更新改造项目。项目投资一般以直接投资为主要方式，以对内投资为基本的方向，通常包括固定资产投资、无形资产投资、其他资产投资和流动资产投资等内容。

（二）项目投资的特点

与其他形式的投资相比较，项目投资具有以下特点：

1. 投资数额大 项目投资所形成的生产能力主要体现在新增固定资产上。固定资产的购置或建造本身所需的资金量是巨大的，而且为使固定资产得以正常运行，还需要配置相应的流动资产及其他长期资产的投资，因此投资数额较大。

2. 投资风险高 项目投资一般在扩大再生产或者调整企业产品结构时发生，会动用较大数量的资金。项目投资所获得的经济效益只能在今后较长时期内逐步

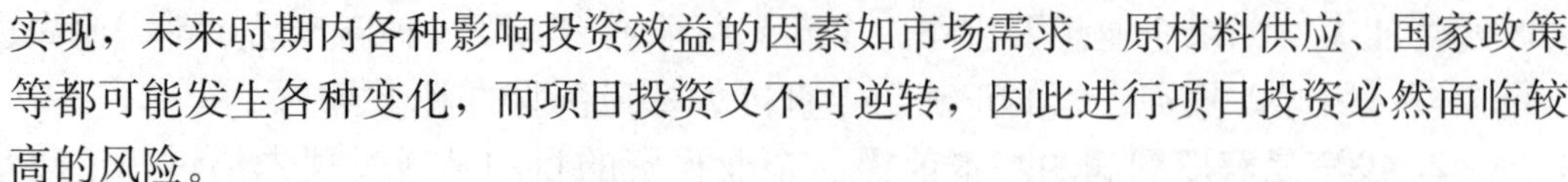

实现，未来时期内各种影响投资效益的因素如市场需求、原材料供应、国家政策等都可能发生各种变化，而项目投资又不可逆转，因此进行项目投资必然面临较高的风险。

3. 影响时间长 项目投资基本上都会涉及一项或者多项固定资产的投资，项目的建设周期较长，项目的使用寿命一般都在几年以上，有的甚至长达几十年。项目投资一旦完成，就会长时期地对企业的生产经营产生影响。

4. 不可逆转性 项目投资一旦实施并形成一定生产经营能力后，无论其投资效益如何，均难以改变。即使必须改变，也必然在财力、物力上付出极高的代价，使企业蒙受巨大的损失。

二、项目投资的程序

1. 项目投资的提出 在生产经营过程中，会不断产生新的投资需要，也会出现很多的投资机会。当出现新的投资机会或产生新的投资需要时，就会提出新的投资项目。这些项目一般会由项目的提出者以报告的形式上报管理当局，以便研究和选择。管理当局会从各种投资方案中进行初步筛选、分类、排序，结合企业的长期发展目标和具体情况，制订初步的投资计划。

2. 项目投资的调研和可行性分析 初步确定的投资计划可能有多个，各投资项目之间也会受到资金、技术、环境、人力等因素的限制。这就要求对投资项目进行调研，搜集与项目有关的资料，对项目的先进性、可行性、必要性和经济效益、社会效益进行科学的预测和分析，提出具体的评估论证意见。

3. 项目投资的决策评价 项目投资能否实施取决于企业管理当局的决策评价结果。决策者要根据国家的法令、国家主管部门的要求以及董事会和股东大会的决议，综合技术人员、财务人员、市场研究人员等的评价结果进行全面考核，最后做出项目投资决策。

4. 项目的实施 项目批准或采纳后，要筹集资金并付诸实施。为了保障项目实施过程中所需要的各种资源及时到位，项目负责人需要及时与企业相关部门进行沟通，确保项目的时间进度。如果项目出现比较重大的更改，需要进行重新论证，必要时提交董事会或者股东大会备案。在项目实施过程中，项目负责人应当通过项目阶段的财务控制，反馈项目进展和实施计划的状态，及时调整原计划，保证项目的效益和正常运营。

5. 对项目的过程进行控制和对项目的总结 项目负责人根据可行性报告和项目执行计划，在项目实施的各个重要阶段都需要有阶段性的总结，在项目完成后还要有对整个项目的总结报告。同时，企业应当在项目完成的适当阶段进行项目跟踪，并对不符合项目目标（未达到或超出）的指标进行原因分析，为今后类似项目的实施以及管理积累经验。

三、项目计算期的构成和项目资金构成内容

（一）项目计算期的构成

项目计算期是指投资项目从投资建设开始到最终清理结束整个过程的全部时间，即该项目的有效持续时间。完整的项目计算期包括建设期和生产经营期。建设期是指从项目资金正式投入开始到建成投产为止所需要的时间。生产经营期是指从项目建成完工投入使用到项目最终清理的时间间隔。项目计算期、建设期和生产经营期之间有以下关系：

项目计算期＝建设期＋生产经营期

【例 7-1】某村拟上一建设项目，2008 年 1 月 1 日开始建设，3 年建成，第四年年初投产，预计使用寿命 6 年。要求：计算该项目计算期有关指标。

解：项目建设期＝3 年，项目生产经营期＝6 年。

项目计算期＝3＋6＝9 年

各时间点如图 7-1 所示。

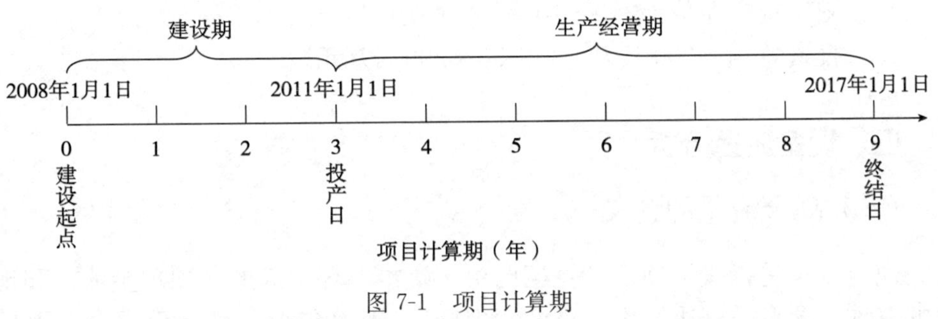

图 7-1　项目计算期

（二）项目资金构成内容

投资总额是反映项目投资总体规模的价值指标，它主要由以下几项内容构成：

1. 固定资产投资　固定资产投资是指项目用于购置或安装固定资产而发生的投资。固定资产原值与固定资产投资之间的关系如下：

固定资产原值＝固定资产投资＋建设期资本化利息

2. 无形资产投资 无形资产投资是指项目用于取得无形资产而发生的投资。

3. 流动资金投资 流动资金投资又称垫支的流动资金或营运资金投资，是指项目投产前后一次或分次投放于流动资产项目的投资增加额。一般情况下，流动资金投资是在建设期期末或者投产日发生。

4. 其他资产投资 其他资产投资是指建设投资中除固定资产投资、无形资产投资和流动资金投资以外的投资。

流动资金投资加上固定资产投资、无形资产投资和其他资产投资，再加上建设期资本化利息，便构成项目投资总额。

（三）项目资金投入方式

项目资金投入方式可分为一次投入和分次投入。

1. 一次投入 一次投入方式是指投资行为集中一次发生在项目计算期第一个年度的年初或年末。

2. 分次投入 如果投资行为涉及两个或两个以上年度，或虽然只涉及一个年度但同时在该年的年初和年末发生，则属于分次投入方式。

【例 7-2】某村拟新建一个项目，需要在建设起点一次投入固定资产 200 万元，建设期为 2 年，建设期资本化利息 10 万元。在建设期期末投入无形资产 30 万元，流动资金投资 50 万元。要求：计算固定资产原值和投资总额。

解：固定资产原值＝200＋10＝210（万元）

投资总额＝200＋10＋30＋50＝290（万元）

四、现金流量分析

（一）现金流量的含义

现金流量是指投资项目计算期内由于资本循环引起的各项现金流入和现金流出的总称。项目投资决策中所称的“现金”，不仅包括各种货币现金，而且包括项目需要投入企业所拥有的非货币资源的变现价值（或重置成本），如土地使用权的变现价值就是评价在企业所拥有的土地上建厂房这一项目时应考虑的一项现金流出。

（二）现金流量的构成

1. 现金流入量 现金流入量简称为现金流入，是指能够使投资方案的现实货币增加的项目。现金流入量指标一般用字母 I_t 表示。

2. 现金流出量 现金流出量简称为现金流出，是指能够使投资方案的现实货币减少或需要动用现金的项目。现金流出量指标一般用字母 O_t 表示。

3. 现金净流量 现金净流量是指项目计算期内每年现金流入量与同年现金流出量的差额。它是计算项目投资决策评价指标的重要依据。现金净流量这个指标在生产经营期和建设期都存在，一般用字母 NCF_t 表示。

一般情况下，为便于项目投资资金时间价值的计算，不论现金流量具体内容所涉及的价值指标实际上是时点指标还是时期指标，均假设按照年初或年末的时点指标处理。

当现金流入量大于现金流出量时，现金净流量为正值；反之，当现金流入量小于现金流出量时，现金净流量为负值。由于时点指标假设的存在，现金流出量、现金流入量在项目计算期内的不同时点上的内容不同，使得各个时点上的现金净流量表现出不同的特点。例如，在建设期内，现金净流量一般小于或等于零；在生产经营期内，现金净流量一般大于零。

（三）现金流量的内容

1. 现金流入量的内容

（1）营业收入。营业收入是指项目投产后每年增加的营业收入。它是生产经营期主要的现金流入项目。一般情况下，假定营业收入为现金收入。

（2）回收的固定资产余值。回收的固定资产余值是指投资项目的固定资产在终结点报废清理或中途变价转让处理时所回收的价值，即处理固定资产的净收入。

（3）回收的流动资金。回收的流动资金是指项目计算期完全终止时（终结点），因项目终结而回收的原垫支的全部流动资金数额。

（4）其他现金流入量。其他现金流入量是指以上三项指标以外的现金流入量项目。

2. 现金流出量的内容

（1）建设投资。建设投资是指建设期内进行的固定资产、无形资产投资和开办费等项投资的总和。其中，固定资产投资可能与计算折旧的固定资产原值之间产生差异，原因在于固定资产原值可能包括建设期资本化利息。在项目的现金流量计算中，一般假设在确定项目的现金流量时，只考虑全部投资的运动情况，而不具体区分自有资金和借入资金等具体形式的现金流量，即使实际存在借入资金，也将其作为自有资金对待。也就是说，建设期资本化利息不属于现金流出的范畴。

（2）垫支的流动资金。垫支的流动资金是指在投资项目中发生的用于生产经营周转用的营运资金的投资，例如用存货进行的投资。一般情况下，假设垫支的流动资金发生在建设期期末或者生产经营期期初。

(3) 经营成本。经营成本又称付现成本，是指在生产经营期内为满足正常生产经营需要而动用现实货币资金支付的成本、费用。与项目有关的某年经营成本等于当年的成本、费用总额（含期间费用）扣除该年折旧额、无形资产等的摊销额，以及财务费用中的利息支出等项目后的差额。其计算公式为：

某年经营成本＝该年成本、费用总额－该年折旧额及摊销额－该年计入财务费用的利息支出

非付现成本指的是企业在经营期不以现金支付的成本费用，一般包括固定资产的折旧、无形资产的摊销额、开办费的摊销额以及财务费用中的借款利息支出。

(4) 各项税款。各项税款是指项目投产日后发生的各项税款，包括资源税、消费税、所得税等。

(5) 其他现金流出。其他现金流出是指除了上述各项现金流出以外其他的现金流出。

3. 现金净流量的内容

(1) 建设期的现金净流量。在考虑所得税因素以后，建设期现金净流量的估计要根据投资项目的类型不同而分别计算。

如果是新建项目，所得税对现金净流量没有影响，计算公式如下：

建设期现金净流量＝－（该年的投资额＋开办费＋垫支的流动资金）

如果是更新改造项目，此时应当考虑固定资产清理损益中的所得税问题。

(2) 生产经营期的现金净流量。在考虑所得税因素以后，生产经营期的营业现金净流量可以按照以下三种方法来确定：

第一种方法：根据现金净流量的定义计算。

营业现金净流量＝现金流入量－现金流出量
＝营业收入－经营成本－所得税费用

第二种方法：根据净利润计算。

营业现金净流量＝净利润＋非付现成本

第三种方法：根据所得税对收入和费用的影响计算。

营业现金净流量＝税后收入－税后成本＋非付现成本抵税
＝营业收入×(1－所得税税率)－经营成本×（1－所得税税率）＋非付现成本×所得税税率

上述三种方法在实践中要根据已知的投资项目数据来灵活运用。

(3) 项目终结点的现金净流量。主要是在生产经营期的营业现金净流量的基

础上考虑收回垫支的流动资金和固定资产余值。计算公式如下：

终结点现金净流量＝营业现金净流量＋回收的流动资金＋回收的固定资产余值

（四）现金净流量的分析计算

1. 单纯固定资产投资项目的现金流量 单纯固定资产投资项目是指只涉及固定资产投资而不涉及无形资产投资、其他资产投资和流动资产投资的建设项目。

【例 7-3】某村拟建设一个固定资产资产项目，需在建设起点一次投入全部资金 200 万元，按直线法计提折旧，预计使用年限 10 年，净残值 5 万元。建设期 1 年，发生资本化利息 5 万元。预计该项目投产后每年可获得净利润 80 万元。要求：计算该项目每年的税后现金净流量（NCF_t）。

解：

（1）固定资产原值＝固定资产投资＋建设期资本化利息＝200＋5＝205（万元）

（2）年折旧额＝（205－5）/10 ＝ 20（万元）

（3）项目计算期＝ 1＋10 ＝11（年）

（4）各年的现金净流量（NCF_t）计算如下：

①建设期的现金净流量。

NCF_0＝ －200（万元）；NCF_1＝ 0（万元）

②生产经营期的现金净流量。

NCF_2＝ 80＋20＝100(万元)；NCF_3＝100(万元)；…；NCF_{10}＝100(万元)

③项目终结点的现金净流量。

NCF_{11}＝80＋20＋5＝105（万元）

（5）各年的现金净流量如图 7-2 所示。

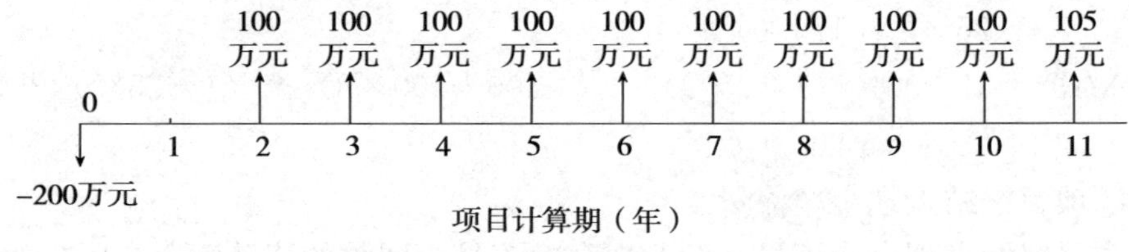

图 7-2 例 7-3 各年现金净流量

2. 完整工业投资项目的现金流量 完整工业投资项目简称新建项目，是以新增工业生产能力为主的投资项目，其投资内容不仅包括固定资产投资，还包括流动资产投资。

【例 7-4】某村办企业为了扩充生产能力购入设备一台，不需要安装，设备投资 21 000 元，按直线法计提折旧，预计使用年限 5 年，净残值 1 000 元。5 年中每年的销售收入（不含增值税）为 12 000 元，经营成本第一年为 4 100 元，以后随着设备的老化，将逐年增加修理费 500 元。另外，需要垫支流动资金 5 000 元（设备报废时收回）。所得税税率为 25%，不享受减免税优惠。要求：计算该项目每年的税后现金净流量（NCF_t）。

解：

（1）固定资产原值＝21 000（元）

（2）年折旧额＝（21 000－1 000)/5＝4 000（元）

（3）项目计算期＝0＋5＝5（年）

（4）各年的现金净流量（NCF_t）计算如下：

①建设期现金净流量。

建设期现金净流量＝－（该年的投资额＋垫支的流动资金）

NCF_0＝－（21 000＋5 000）＝－26 000（元）

②生产经营期现金净流量。

营业现金净流量＝税后收入－税后成本＋非付现成本抵税
＝营业收入×（1－所得税率）－经营成本×（1－所得税率）＋非付现成本×所得税率

NCF_1＝12 000×（1－25%）－4 100×（1－25%）＋4 000×25%＝6 925（元）

NCF_2＝12 000×（1－25%）－（4 100＋500）×（1－25%）＋4 000×25%＝6 550（元）

NCF_3＝12 000×（1－25%）－（4 100＋500×2）×（1－25%）＋4 000×25%＝6 175（元）

NCF_4＝12 000×（1－25%）－（4 100＋500×3）×（1－25%）＋4 000×25%＝5 800（元）

③项目终结点现金净流量。

项目终结点现金净流量＝营业现金净流量＋回收的流动资金＋回收的固定资产余值

NCF_5＝12 000×(1－25%)－（4 100＋500×4）×(1－25%)＋4 000×25%＋5 000＋1 000＝11 425(元)

（5）各年的现金净流量如图 7-3 所示。

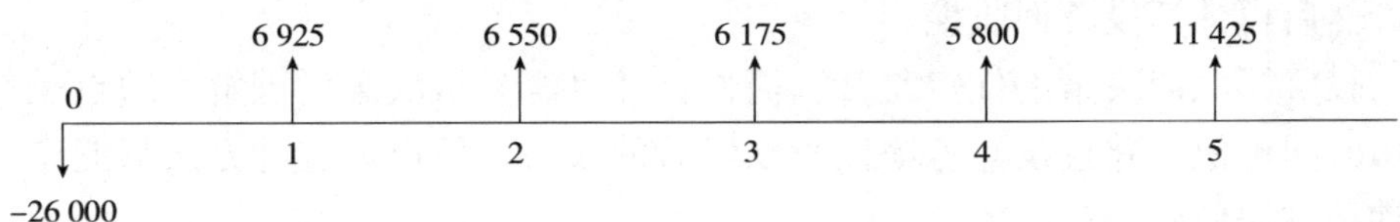

图 7-3　例 7-4 各年现金净流量

学习任务三　项目投资决策的评价方法

评价项目投资的指标是衡量和比较投资项目是否可行并据以进行方案决策的量化标准。根据评价过程中是否考虑货币的时间价值，评价投资项目的指标分为两类：①静态指标，又称为非贴现指标，即没有考虑时间价值因素的指标，主要包括投资回收期等；②动态指标，又称为贴现指标，即考虑了时间价值因素的指标，主要包括净现值、净现值率、内部收益率等。

因此，评价投资方案优劣的方法一般分为两类：①不考虑货币时间价值的分析方法，常用的有投资回收期法；②考虑货币时间价值的分析方法，常用的有净现值法、净现值率法、内部收益率法等。

一、投资回收期法

投资回收期法是根据回收初始投资额所需要时间的长短来判定该方案是否可行的方法。由于投资者总是希望尽快地收回投资，投资回收期越短，对投资者越有利，所以，在投资评价中，可以把投资回收期作为主要评价指标来对待。在使用投资回收期方法时，如果同时有几个投资方案，回收期短的那个项目就是应该首选的项目。

投资回收期的计算，因每年的现金净流量不同而有所不同。

如果在每年的营业现金净流量相等，且项目原始投资为一次支出的情况下，投资回收期计算公式如下：

$$投资回收期=\frac{原始投资额}{每年的营业现金净流量}$$

【例 7-5】某投资方案，项目原始投资总额为 806 万元，每年的营业现金净流量均为 260 万元。要求：计算该项目的静态投资回收期。

解：投资回收期＝806/260＝3.1（年）

如果每年的营业现金净流量不相等，则需要先计算每年年末尚未收回的投资额，然后再计算投资回收期。

投资回收期决策的优点是计算简便，并且容易被决策者理解。缺点是忽略了货币时间价值，并且没有考虑回收期以后的收益。所以，这种方法只能作为投资的辅助方法使用。

二、净现值法

1. 净现值的概念 净现值（NPV）是指特定投资项目未来现金流入量现值与未来现金流出量现值之间的差额。其基本计算公式为：

净现值（NPV）＝未来现金流入量现值之和－未来现金流出量现值之和

＝各期现金净流量现值之和

即 净现值（NPV）＝ $\sum_{t=0}^{n}$（第 t 年的现金净流量×第 t 年的复利现值系数）

或 $$NPV=\sum_{t=0}^{n} NCF_t \cdot (P/F, i_C, t)$$

式中：i_C 表示该项目的行业基准收益率或设定的贴现率；$(P/F, i_C, t)$ 表示第 t 年贴现率为 i_C 的复利现值系数。

用上述公式进行计算时，可以参考资金时间价值的计算方法，考虑现金净流量的特征计算净现值。若每年的现金净流量不同，可用复利现值的方法进行计算；若每年的现金净流量相同，符合年金的特征，可利用年金现值的方法进行计算。详见例 7-6 和例 7-7。

2. 计算净现值的一般步骤

（1）计算投资项目各期的现金净流量。

（2）按照行业基准收益率或者企业设定的贴现率，通过查复利现值系数表（附表 2）将各期对应的复利现值系数确定下来。

（3）将各期的现金净流量与对应的复利现值系数相乘，计算出各期现金净流量的现值。

（4）将各期现金净流量的现值相加，计算出投资项目的净现值。

3. 净现值的决策标准 净现值是贴现的绝对值正指标。采用净现值法进行投资项目的决策标准如下：

（1）进行单项投资项目决策时，如果 $NPV \geq 0$，则项目可行；如果 $NPV < 0$，则项目不可行。

（2）进行多项互斥投资决策时，如果投资额相等，应选择 $NPV > 0$ 且 NPV

最大的项目为最优项目。

【例 7-6】某村现有两个项目可以进行投资，各项目的预计现金净流量有关资料如表 7-1 所示，项目的最低报酬率为 10%。要求：利用净现值法对上述两个投资方案进行评价。

表 7-1 各方案预计的现金净流量

单位：元

期间	A 方案现金净流量	B 方案现金净流量
0	−8 000	−10 000
1	1 200	4 800
2	6 000	4 800
3	6 000	4 800

解：根据表 7-1 的资料可得

A 方案的净现值 $= -8\,000 + 1\,200 \times (P/F, 10\%, 1) + 6\,000 \times (P/F, 10\%, 2) + 6\,000 \times (P/F, 10\%, 3)$

$= -8\,000 + 1\,200 \times 0.909\,1 + 6\,000 \times 0.826\,4 + 6\,000 \times 0.751\,3$

$= 2\,557.12$（元）

B 方案的净现值 $= -10\,000 + 4\,800 \times (P/A, 10\%, 3)$

$= -10\,000 + 4\,800 \times 2.486\,9$

$= 1\,937.12$（元）

根据上述计算，两个方案的净现值都大于 0，两个项目都可行。A 方案的净现值大于 B 方案的净现值，因此可选择 A 方案进行投资。

【例 7-7】某村拟建一项工程，需投资 1 000 万元，按直线法计提折旧，使用寿命 10 年，期末无残值。该项工程于当年投产，预计投产后每年可获利 100 万元。假定该项目的行业基准折现率 10%。要求：计算该项目的净现值。

解：

①计算各期的现金净流量。

$NCF_0 = -1\,000$（万元）

$NCF_i =$ 净利润 + 折旧 $= 100 + 1\,000/10 = 200$（万元），$i = 1, \cdots, 10$

②计算净现值。因为该项目每年现金净流量相同，符合年金的特征，因此利用年金现值的方法进行计算。

$NPV = -1\,000 + 200 \times (P/A, 10\%, t) = 228.92$（万元）

净现值≥0，项目可行。

4. 净现值法的优缺点 净现值法的优点是：①考虑了资金时间价值；②考虑了项目计算期全部的现金净流量；③考虑了投资风险。

净现值法的缺点是：①不能从动态的角度直接反映投资项目的实际收益率水平；②净现值是绝对数指标，不便于不同投资规模方案的对比；③现金净流量的测算和折现率的确定比较困难；④净现值法的计算比较麻烦，还要考虑资金时间价值，比较难理解和掌握。

三、净现值率法

1. 净现值率的概念 净现值率（NPVR）是指项目的净现值占原始投资现值总和的百分比。这个指标可以使不同方案具有共同的可比基础，因而有较广泛的适用性。净现值率计算公式如下：

$$\text{净现值率（}NPVR\text{）}=\frac{\text{投资项目净现值}}{\text{原始投资的现值合计}}\times 100\%$$

或

$$NPVR=\frac{NPV}{\sum_{t=0}^{s} NCF_t \cdot (1+i_C)^{-t}} \cdot 100\%$$

式中：s 表示建设期。

【例 7-8】沿用例 7-7 的相关资料。要求：计算该项目的净现值率。

解：净现值率（$NPVR$）＝228.92/1 000×100%＝22.89%

2. 净现值率的决策标准 净现值率是贴现的相对数评价指标。采用净贴现率进行投资项目评价的标准是：如果 $NPVR\geqslant 0$，则项目可行；如果 $NPVR<0$，则项目不可行。

3. 净现值率法的优缺点 净现值率法的优点在于可以从动态的角度反映项目投资的资金投入与净产出之间的关系。净现值率法的缺点与净现值法类似，同样无法直接反映投资项目的实际收益率。

四、内部收益率法

1. 内部收益率的概念 内部收益率（IRR）又称内含报酬率，是指能使投资项目的净现值等于零的折现率，即投资项目实际可望达到的报酬率。

内部收益率就是方案本身的实际收益率。假设有一个项目，投资人要求最低报酬率是10%。根据投资人要求的最低报酬率，如果计算出来的净现值大于零，表明方案本身的收益率超过投资人要求的最低报酬率（10%）；反之，如果计算出来的净现值小于零，表明方案本身的收益率低于投资人要求的最低报酬率（10%）；如果净现值正好等于零，表明方案本身的收益率刚刚达到设定的折现率。很显然，内部收益率（IRR）满足下列等式：

$$\sum_{t=0}^{n} NCF_t \cdot (P/F, IRR, t) = 0$$

2. 内部收益率的计算方法 内部收益率的计算就是找到能使 $\sum_{t=0}^{n} NCF_t \cdot (P/F, IRR, t) = 0$ 成立的 IRR，即资金时间价值的计算当中的折现率。由于投资项目产生的现金净流量的特征不同，内部收益率的计算可以采用以下两种方法：

（1）简算法。简算法是指当投资项目生产经营期的营业现金净流量为普通年金的形式，且项目建设期为零时，可直接利用年金现值系数计算内部收益率的一种方法。在此方法下，内部收益率 IRR 可按以下公式确定，即：

$$(P/A, IRR, n) = \frac{I}{NCF}$$

式中：I 表示在建设起点一次发生的原始投资；$(P/A, IRR, n)$ 表示第 n 期设定折现率为 IRR 的年金现值系数；NCF 表示投产后每年相等的现金净流量。

该方法的具体步骤为：按公式计算 $(P/A, IRR, n)$ 的值，设为 C；根据 C，查 n 期的年金现值系数表。若 n 期的年金现值系数表中恰好能找到 C，则其对应的折现率即为所求的内部收益率 IRR；若在年金现值系数表上找不到对应的 C，需要在年金现值系数表上找到同期略大于和略小于 C 的两个临界值 C_m 和 C_{m+1} 及其分别对应的折现率 r_m 和 r_{m+1}，然后利用内插法计算出近似的内部收益率，即：

$$IRR = r_m + \frac{C_m - C}{C_m - C_{m+1}} \cdot (r_{m+1} - r_m)$$

【例 7-9】沿用例 7-7 的相关资料。要求：计算该项目的内部收益率。

解：

①确定该项目各年的现金净流量，并判断是否符合简算法的前提条件。

$NCF_0 = -1\ 000$（万元）

$NCF_1 = 100 + 1\ 000/10 = 200$（万元），$NCF_2 = 200$（万元），…，$NCF_{10} = 200$（万元）

按照题意，初始投资一次投入，无建设期，生产经营期各年的营业现金净流量都相等，符合简算法的前提条件。

②计算（P/A，IRR，n）的值，即C。

$$C=(P/A,\ IRR,\ n)=\frac{I}{NCF}=\frac{1\,000}{200}=5$$

③查年金现值系数表，找到$n=10$时，最接近$C=5$的两个临界值$C_m=5.018\,8$和$C_{m+1}=4.833\,2$及其分别对应的折现率$r_m=15\%$和$r_{m+1}=16\%$。也就是说，年金现值系数$C=5$时，对应的折现率是介于15%和16%之间的一个折现率。

④计算该项目的内部收益率IRR。

$$IRR=r_m+\frac{C_m-C}{C_m-C_{m+1}}\cdot(r_{m+1}-r_m)$$

$$=15\%+\frac{5.018\,8-5}{5.018\,8-4.833\,2}\times(16\%-15\%)=15.001\%$$

当折现率为15.001%时，该项目的净现值为0。

(2) 逐步测试法。逐步测试法是指通过逐步测试的方法计算出使项目的净现值等于零的折现率的方法。该方法适用于投资项目各种情况下的现金净流量。

逐步测试法的计算程序是：首先，估计一个折现率，用于计算投资项目各年现金净流量的净现值。如果净现值大于零，说明该投资项目可能达到的内部收益率比所用的折现率大；如果净现值小于零，则说明该投资方案可达到的内部收益率比所用的折现率小。然后，通过逐步测算，找到使投资项目净现值最接近零的两个折现率。最后，用内插法算出其近似的内部收益率。

3. 内部收益率的决策标准 内部收益率是贴现的相对数评价指标，采用该指标进行投资项目评价的标准是：如果方案的内部收益率大于投资人要求的最低报酬率，则项目可行；如果方案的内部收益率小于投资人要求的最低报酬率，则项目不可行。

4. 内部收益率法的优缺点 内部收益率法的优点是：非常注重资金时间价值，能够从动态的角度直接反映投资项目的实际收益水平，且不受行业基准收益率高低的影响，比较客观。

内部收益率法的缺点是：计算比较麻烦，而且当经营期大量追加投资时，可能导致产生多个内部收益率，或偏高或偏低，缺乏实际意义。

单元小结

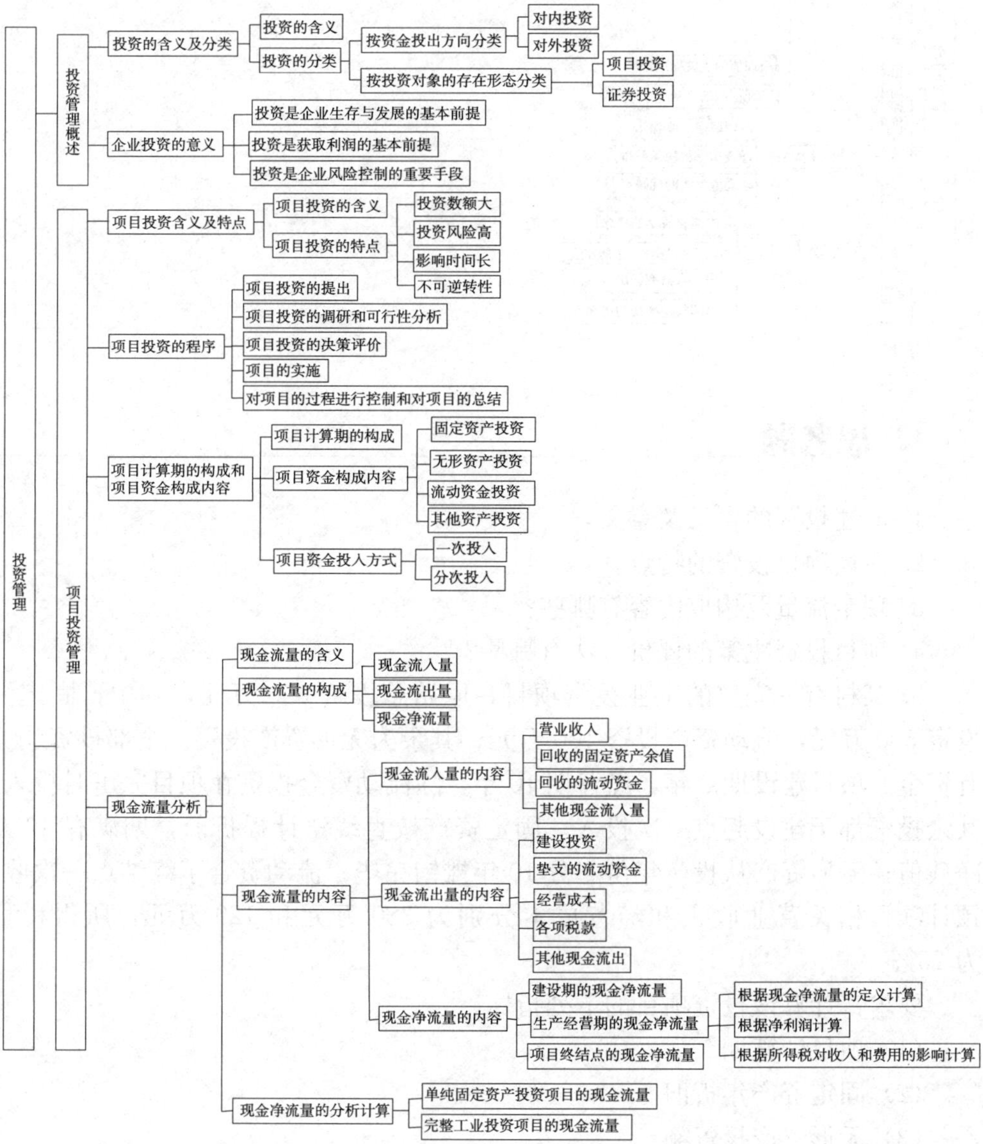

- 投资管理
  - 投资管理概述
    - 投资的含义及分类
      - 投资的含义
      - 投资的分类
        - 按资金投出方向分类
          - 对内投资
          - 对外投资
        - 按投资对象的存在形态分类
          - 项目投资
          - 证券投资
    - 企业投资的意义
      - 投资是企业生存与发展的基本前提
      - 投资是获取利润的基本前提
      - 投资是企业风险控制的重要手段
  - 项目投资管理
    - 项目投资含义及特点
      - 项目投资的含义
      - 项目投资的特点
        - 投资数额大
        - 投资风险高
        - 影响时间长
        - 不可逆转性
    - 项目投资的程序
      - 项目投资的提出
      - 项目投资的调研和可行性分析
      - 项目投资的决策评价
      - 项目的实施
      - 对项目的过程进行控制和对项目的总结
    - 项目计算期的构成和项目资金构成内容
      - 项目计算期的构成
      - 项目资金构成内容
        - 固定资产投资
        - 无形资产投资
        - 流动资金投资
        - 其他资产投资
      - 项目资金投入方式
        - 一次投入
        - 分次投入
    - 现金流量分析
      - 现金流量的含义
      - 现金流量的构成
        - 现金流入量
        - 现金流出量
        - 现金净流量
      - 现金流量的内容
        - 现金流入量的内容
          - 营业收入
          - 回收的固定资产余值
          - 回收的流动资金
          - 其他现金流入量
        - 现金流出量的内容
          - 建设投资
          - 垫支的流动资金
          - 经营成本
          - 各项税款
          - 其他现金流出
        - 现金净流量的内容
          - 建设期的现金净流量
          - 生产经营期的现金净流量
            - 根据现金净流量的定义计算
            - 根据净利润计算
            - 根据所得税对收入和费用的影响计算
          - 项目终结点的现金净流量
      - 现金净流量的分析计算
        - 单纯固定资产投资项目的现金流量
        - 完整工业投资项目的现金流量

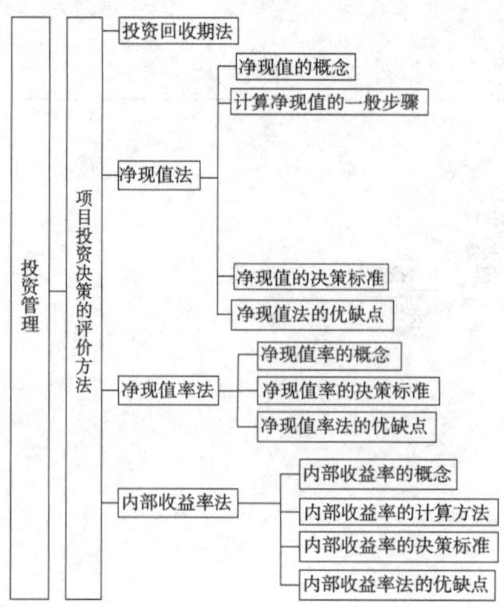

思考题

1. 简述投资的含义及意义。

2. 简述项目投资的特点。

3. 现金流量及构成内容有哪些?

4. 项目投资决策的评价方法有哪些?

5. 某村有一完整的工业投资项目，原始总投资 650 万元，其中，固定资产投资 500 万元，流动资产投资 100 万元，其余为无形资产投资。全部投资均为自有资金。项目建设期 2 年，经营期 10 年，除流动资金投资在项目完工时投入外，其余投资都于建设起点一次投入。固定资产按直线法计提折旧，期满有 40 万元净残值；无形资产从投产年份起分 10 年摊销完毕；流动资金于终结点一次收回。预计项目相关营业收入和经营成本分别为 380 万元和 129 万元，所得税税率为 25%。

要求：计算该投资项目的下列指标。

(1) 项目计算期。

(2) 固定资产年折旧。

(3) 无形资产投资额。

(4) 无形资产摊销额。

(5) 各年的建设期现金净流量。

(6) 投产后每年的生产经营期现金净流量。

（7）项目终结点现金净流量。

6. 某村办企业计划增添一条生产流水线，以扩充生产能力。现有甲、乙两个方案可供选择。甲方案需要投资 500 000 元，乙方案需要投资 750 000 元。两个方案的预计使用寿命均为 5 年，折旧均采用直线法。甲方案预计残值为 20 000 元，乙方案预计残值为 30 000 元。甲方案预计年销售收入为 1 000 000 元，第一年经营成本为 660 000 元，以后在此基础上每年增加维修费 10 000 无。乙方案预计年销售收入为 1 400 000 元，年经营成本为 1 050 000 元。项目投入营运时，甲方案需垫支营运资金 200 000 元，乙方案需垫支营运资金 250 000 元。公司所得税税率为 20%。

要求：

（1）依据资料，计算甲、乙两个方案的现金流量。

（2）用净现值法评价选择投资方案。

第八单元 收入、支出和收益分配管理

学习目标

1. 了解农村集体经济组织的收入构成内容
2. 掌握各项收入的管理
3. 掌握成本、费用支出管理的内容
4. 掌握成本、费用支出的管理
5. 了解收益的构成及收益分配的原则
6. 了解收益分配的内容与顺序
7. 掌握收益分配的程序及实施

学习任务

学习任务一　收入管理

一、收入的含义及构成

农村集体经济组织的收入是指农村集体经济组织在一定时期内从事各项经济活动所获得的经济利益的总流入。收入的实现，是农村集体经济组织收益实现的前提和基础，也是农村集体经济组织活动的重要环节。因此，农村集体经济组织应加强对收入的管理和核算，正确计算各项收入，为准确核算全年收益提供必要的基础。

农村集体经济组织的收入是指可以抵偿当年支出、纳入当年收益分配的收入。根据财政部于2004年印发的《村集体经济组织会计制度》的规定，农村集体经济组织的收入由经营收入、发包及上交收入、补助收入、投资收益和其他收入组成。

1. 经营收入 经营收入是指农村集体经济组织通过各项生产经营活动、对外提供产品、劳务所取得的收入，包括农业生产收入、林业生产收入、牧业生产收入、渔业生产收入、租赁收入、服务收入、劳务收入等。

2. 发包及上交收入 发包及上交收入是指村民或其他单位及个人因承包农村集体经济组织的耕地、荒地、山林、果园、塘库和其他场所及村办企业上交的利润等。

3. 补助收入 补助收入是指农村集体经济组织收到的来自财政部门、其他有关部门和社会团体的各项补助资金。

4. 投资收益 投资收益是指农村集体经济组织从被投资单位所取得的货币或非货币形式的收入，包括股息、红利和利润，它是农村集体经济组织的一种收入表现形式。具体来说，投资收益是指投资所取得的收益扣除发生的投资损失、投资费用后的数额。

其中，投资损失是指农村集体经济组织发生的不良股权或者债权投资造成的损失，包括长期投资损失和短期投资损失。对清查出的不良投资，农村集体经济组织要逐项进行原因分析，对有合法证据证明不能收回的，认定为损失。

投资费用是指农村集体经济组织在投资时发生的相关费用，如相关手续费等。

5. 其他收入 其他收入指农村集体经济组织收到的与生产经营无直接关系的收入，如罚款收入、存款利息收入、发生资产损失后保险公司赔偿数额超过毁损账面价值的数额、无法归还的应付款和借款等。

二、收入的确认

根据相关财务制度规定，农村集体经济组织的收入应该按照以下原则进行确认：

1. 经营收入的确认 农村集体经济组织销售的农产品和物资已经发出，劳务已经提供，同时收讫价款或取得收取价款的凭证时，确认经营收入的实现。其特点是：①产品所有权已经转移，劳务过程已经完成（或部分完成）；②得到了收取价款的权利。这两项都具备时，收入才算成立。

如果在销售中发生现金折扣，则在实际发生时计入当期费用中。但如果发生商业折扣和销售折让，在发生时可以直接冲减当期的销售收入。其中，现金折扣是指为鼓励客户提前付款而给予的债务扣除；商业折扣是指为了鼓励购买者多买商品而在商品标价上给予的扣除，买得越多，价格越便宜；销售折让则是指由于购买者对产品的质量、品种提出意见，又不愿退回产品，而要求在价格上给予的折让，其实质就是降价销售。

对外提供劳务时，如果是在同一年度内完成的，在完成时确认收入实现；跨年度的，按照本年度完成的比率确认劳务收入。例如为建筑工程提供劳务，当工程是跨年度施工时，就可以按照本年度完成的工程量占总工程量的比率来确认本年度劳务收入。

2. 发包及上交收入的确认 农村集体经济组织在收讫农户、承包单位上交的承包金及村办企业上交的利润款项或取得收取款项的凭据时，确认发包及上交收入的实现。如果在年终有未交的承包收入，应在确认收入的同时，将未交数作应收款处理。

3. 补助收入的确认 农村集体经济组织按照实际收到的上级有关部门的补助款直接确认补助收入的实现。

4. 投资收益的确认 农村集体经济组织对外投资分得现金股利或利润、利息时，确认计入投资收益；出售、转让和收回对外投资时，按实际收到的价款与其账面价值的差额，确认计入投资收益。

5. 其他收入的确认 农村集体经济组织在发生固定资产、产品物资盘盈，实际收讫利息、罚款等款项时，确认其他收入的实现。

以上所说的收入只包括权益归本农村集体经济组织所有的经济利益的流入，不包括为第三方或客户代收的款项。对农村集体经济组织为上级有关部门代收、代交的费用，类似“一事一议”的专项资金收款，农村集体经济组织暂时替外单位代收的款项等，不能计入收入之中。原因在于，代收的款项虽然能够在一定时间里增加农村集体经济组织的资产，但同时也增加了负债，从而不会增加农村集体经济组织的所有者权益，因此不能算作收入。

三、收入的管理

（一）收入管理的要求

收入管理的基本要求是：制定合理的收入预算，合理安排各业生产经营，不断增加收入，及时确认、确保预算收入的实现。收入管理主要包括以下几个方面：

1. 编制收入管理预算 为了保证收入目标的实现，以及有计划地组织收入，保证农村集体经济组织生产经营和管理服务工作的顺利开展，农村集体经济组织应在年初编制年度收入预算，如表 8-1 所示。收入预算要根据农村集体经济组织生产经营和管理活动的实际，分项目编制。各业经营收入应按当年经营的具体项目分明细编制。对于发包及上交收入预算，应在确定好与农户和承包单位的承包、租赁关系，签订好承包合同和其他经济合同的基础上，分项编制。对于投资收益，应在当年各项投资计划的基础上编制。各单位对收入预算的编制要科学合理、实事求是，要做到通过努力可以完成或超额完成。

表 8-1 年度收入预算

编制单位： 年 月 日

收入项目	上年实际收入（元）	本年预算收入		说明
		金额（元）	增减（%）	
收入合计				
一、经营收入				
1. 农业收入				
2. 林业收入				
3. ……				
二、发包及上交收入				
1. 村办企业上交利润				
2. “四荒”地发包收入				
3. ……				
三、补助收入				
四、投资收益				
五、其他收入				

2. 划清收入的性质与界限 为了保证收入来源的合理合法性，必须要划清各项收入的性质与界限。

（1）划清各项收入之间的界限。农村集体经济组织收入中的各项收入来源于不同的渠道，都有各自特定的内容，收入方式等也有很大的不同。所以，在管理中，也必须认真加以区分，划清各项收入之间的界限，分类管理，以便正确组织核算。

（2）划清可分配收入与不可分配收入的界限。收入反映了农村集体经济组织从事各业经营和管理活动的经济总流入，包括可用于分配的收入和不可用于分配的收入。其中，经营收入可以用来补偿当年费用支出，并可进行收益分配；集体福利事业收入及由特殊渠道形成的公积金等，则不能列为当年收入参加分配。所以，应在加强收入管理的同时，严格划清公共积累、资本与经营收入的界限，按照资本保全以及有利于内部发展的原则进行管理。

3. 正确计价和确认收入 正确计价和确认收入是搞好收入核算和管理的基础。因此，农村财务管理必须按财务制度的规定，正确组织收入的计算和核算工作。

（1）收入的计价。在计算经营收入时，应在核实收获产量的基础上，对各种产品正确计价。凡是对外销售的产品，按实际销售计算收入；对于劳务、运输、生产服务等，按实际结算价格计算收入。在计算其他收入时，对盘盈的固定资产按同类或类似的固定资产的市场价减去按该项资产的新旧程度估计的价值损耗后的余额计价，对盘盈的产品物资按同类产品物资的实际成本计价。

（2）收入的确认。农村集体经济组织收入的确认应采用权责发生制原则。对于经营收入、发包及上交收入、补助收入、投资收益、其他收入，应按前述“二、收入的确认”的规定进行确认。征地补偿款等收入不能列入当年收入；预收的土地承包和租金应逐年进行分摊，不得全部列入当年收入。

4. 统一收入票据 收入票据是重要的原始凭证，也是加强收入管理的基础环节。农村集体经济组织应根据《中华人民共和国票据法》和当地集体资产管理办法等有关规定，统一收入票据，按规定领用，按要求开具，建立健全票据管理制度，配备必要的人员专管，切实加强管理。

（二）经营收入的管理

经营收入计划是指确定计划期内各项经营收入数额的计划，它是在产销量和价格预测的基础上编制的。经营收入计划要按农产品的品种分段编制，以便控制收入实现的进度和数额，保证各项收入的及时实现。同时，要加强经营收入的日常管理。

1. 销售合同的签订与履行 销售合同是农村集体经济组织为取得经营收入而与购货人或劳务接受人就双方在购销或服务过程中的权利、义务关系所签订的具有法律效力的书面文件。为了保证合同的顺利履行，农村集体经济组织的财务人员及村民主理财小组在销售合同签订和履行前应认真审查合同的内容：检查合同价格，控制商业折扣；控制信用规模和信用期限，加速资金周转，控制费用和风险；监督结算方式的选择，在合同中要明确款项的结算方式，财务部门要提醒经营部门，尽可能选择对集体有利、能及时安全收回款项的结算方式。按照销售合同提交商品和提供劳务后，要按合同规定的期限、结算方式，向对方及时收回款项。如果因某种原因致使合同无法履行，需要解除合同时，对解除合同的处理过程，财务部门应实施监督，以保证农村集体经济组织的利益不受损害。

2. 销售市场的扩展 稳定的市场是取得经营收入的可靠保证。为了扩大经营收入，减轻农民负担，促进农村经济发展，农村集体经济组织应在做好区域经济规划的基础上，针对本地区的特色，不断开拓新的市场和流通渠道，不断提高市场份额和占有率。

（三）发包及上交收入的管理

农村发包及上交收入，主要是指农户和承包单位因承包集体土地、果园、鱼塘、厂房及其他农村集体资源等上交的承包金和村（组）办企业上交的利润。

发包收入就是指承包者上交的承包金。它是农村集体资源和财产有偿使用的体现，反映了农村集体内部资金的运用和分配关系。农村集体经济组织财务管理中对发包及上交收入的管理主要包括承包金的核定、收取及减免等内容。

1. 承包金的核定原则 承包金的核定是发包及上交收入管理的重要内容，在核定过程中要把握以下原则：

（1）有偿使用。农村集体资源属于农村集体成员所有，不论何人承包都应是有偿的，这是保护和壮大农村集体经济的重要措施，也是尊重农民利益的具体表现。

（2）利益兼顾。确定承包金额时要正确处理国家、集体和个人之间的利益关系，确保三者利益不受侵害。

（3）均衡发展。农村经济的特性决定了农、林、牧、渔、工、商、运输、服务各业的收益悬殊较大，所以在核定承包金额时要本着均衡发展的原则，使从事不同产业、不同生产项目的生产者获得比较均衡的收益，促进各业、各项目相对稳定、均衡的发展。

（4）客观公正。在确定各承包项目的承包金时，必须根据承包项目近期以来的收入、支出和收益的具体情况，对所获收益进行合理的分配，保证承包金额的客观公正。

2. 承包金常用的核定方法 在核定承包金时，应根据不同产业和不同项目采用不同的核定方法。

（1）非农用地、“四荒”地承包金的核定。非农用地、“四荒”地一般采用集中承包给个人或单位的方式，其承包金应经村民会议讨论决定。非农用地、“四荒”地的承包一般采用招标的方式，由投标最高者承包，中标者的标额就是最终的承包金。

（2）果园承包金的核定。果园承包受市场前景、承包期限、树势、树龄以及自然因素等方面的影响较大，所以，其承包金额的确定难度也较大。在采用平均承包的情况下，可先定出每年的产量，然后按一定的比例核定出应上交的产量，再乘以当年市场价格，计算出应交的承包金；在采用少数农户集中承包的情况下，可以根据产量变化和市场价格进行预测，定出承包期内承包金底数，通过招标的方式，确定承包金。

3. 承包金的收取和管理 承包金额确定后，为了保证年终收益分配的顺利进行，必须按合同规定的日期收取承包金。对不能及时足额上交的，要视情况按拖欠期限加收资金占用费，直至收回承包金为止。由于承包金是农村集体可供分配收入的重要组成部分，因此，农村集体经济组织的财务管理部门和村民主理财小组应重视和加强对承包合同和承包金的管理，要专门设置登记簿进行记录和反映，并要定期与承包合同进行核对，做到准确无误。

4. 村办企业承包上交利润的管理 村办企业是农村集体经济组织利用多年的积累兴办的企业，是农村集体经济的重要组成部分。村办企业的发展与农村集体经济组织内部各成员的切身利益密切相关。同各类企业一样，利益共同体要求村办企业在管好、用好企业资产的基础上，尽量增加盈利。为了达到这一目的，应根据实际情况给村办企业确定一个合理的承包上交利润指标，防止出现“亏了村集体，富了企业经营者”的现象。在确定村办企业承包上交利润额时，一般应考虑的因素包括：该企业近几年的盈利水平，预计可增值的生产能力带来的经济效益，物价变动（包括产品价格的变化和生产该产品所消耗的原材料、能源价格的变化等）的影响，市场供求变化等。确定承包上交利润最高和最低限额后，须经村民会议或村民代表会议讨论决定。另外，也可以确定承包上交利润底数，通过招标方式确定上交利润数额。对村办企业上交利润的管理同对发包收入的管理一样。

（四）补助收入的管理

（1）对补助收入的确认。农村集体经济组织应当按照实际收到的上级专项拨款、乡镇专项拨款、土地补偿性收入等的补助款进行直接确认，要准确地确认补助收入的金额。

（2）划清补助收入与其他收入（包括经营收入、发包及上交收入、投资收益、其他收入）的界限。

（3）对补助收入用途进行管理。

（4）区分补助收入与专项应付款。尽管补助收入与专项应付款都是农村集体经济组织收到的由财政部门、其他有关部门和社会团体拨入的资金，都无需偿还，但其性质是不同的。补助收入属于收益性收支，专项应付款是资本性收支。专项应付款是农村集体经济组织收到财政部门、其他有关部门和社会团体拨入的具有特定用途的各项专项资金，涉及农村水、电、路等基础设施建设，村庄整治，农业综合开发和产业化建设、社区建设等。

（五）其他收入的管理

其他收入主要是指除上述各项收入以外的其他归农村集体经济组织所有的款项收入。主要包括银行存款利息收入、固定资产及产品物资的盘盈净收入、固定资产清理净收入、罚款收入等。这些收入同经营收入一样，也是农村集体经济组织在生产经营和服务中获得的，并且构成当年收益的分配，但这部分收入在农村集体经济组织全部收入中所占的比重较小，往往容易被忽视。所以，对这部分收入要及时入账和组织核算，要重视和加强对这部分收入的管理。

学习任务二　成本、费用支出管理

一、成本、费用支出管理的内容

成本、费用支出是指农村集体经济组织在一定时期内，从事生产经营和管理服务等日常活动中发生的经济利益的流出。主要包括成本支出、经营支出、管理费用支出和其他支出等方面。

1. 成本支出　成本是指农村集体经济组织为生产产品或提供劳务而发生的各种消耗，包括农产品成本、工业产品成本和对外提供的劳务成本。

2. 经营支出　经营支出是指农村集体经济组织因销售农产品等商品、对外提供劳务等活动而发生的实际支出，包括销售农产品等商品的成本、销售牲畜（禽）或经济林木的成本、对外提供劳务的成本、运输费、修理费、保险费、产畜（禽）及役畜的饲养费用及其成本摊销、经济林木投产后的管护费用及其成本摊销等。

3. 管理费用支出　管理费用是指农村集体经济组织在管理活动中发生的各项支出，包括管理人员的工资、办公费、差旅费、管理用固定资产折旧费、维修费等。

4. 其他支出　其他支出是指不属于经营支出和管理费用以外的其他各项支出，包括固定资产及产品物资的盘亏净损失、固定资产清理净损失、利息支出、防汛抢险支出、罚款支出等。

二、成本、费用支出管理的要求

1. 科学合理制定成本、费用支出预算 成本、费用支出预算应在每年年初根据当年的收入计划来编制。在编制成本、费用支出预算时，要坚持量入为出和增加效益的原则。在费用预算管理方面，对经营支出，要兼顾需要与可能，最大限度地保证发展生产和经营的投入需要；对于管理费用支出等非生产性支出，要实行总量控制，不得超支；对其他支出，应增强预见性，杜绝将不合理的支出列入其中。通过实施预算管理，合理安排人、财、物，有效地控制各项成本、费用支出，在实现收支平衡的基础上，实现盈利。同时，要加强对日常各项支出情况的检查，确保各项成本、费用支出计划的执行。年终还可根据实际支出情况，结合预算指标来分析和考核成本、费用支出计划的完成情况。年度费用支出预算见表 8-2。

表 8-2　年度费用支出预算

编制单位：　　　　　　　　　　　　　　　　　　　　年　月　日

费用支出项目	上年实际支出（元）	本年预算支出		说明
		金额（元）	增减（%）	
费用支出合计				
一、经营支出				
1. 农业生产支出				
2. 提供服务支出				
3. ……				
二、管理费用支出				
1. 村干部报酬				
2. 办公费用				
3. ……				
三、其他支出				
1. 抗灾抢险支出				
2. 利息支出				
3. ……				

2. 明确成本、费用支出的界限 为了真实地反映农村集体当年各项成本、费用的水平，正确地归集各项成本、费用支出，在计算成本、费用支出时，应明确各种成本、费用支出的性质和界限。

（1）明确经营支出与专项资金支出、资本性支出的界限。明确区分经营支出与专项资金支出、资本性支出的目的在于正确地计算农村集体经济组织的当期损益。凡农村集体经济组织当年用于集体统一经营项目和为生产经营提供生产服务的各项支出，都属于经营支出。这些经营支出在年终收益分配时，要从当年总收入中得到补偿。经营支出与专项资金支出、资本性支出的性质不同。专项资金支出是指专门用于某种特定用途的支出，如“一事一议”筹资筹劳支出、公益事业支出等；资本性支出是指两个或两个以上年度的各项支出，如为取得固定资产、无形资产发生的各项支出。这些支出各有不同用途，不能相互混淆挤占。

（2）明确生产性支出与非生产性支出的界限。生产性支出是指在一定时期为组织生产经营活动所发生的费用支出；非生产性支出是指为管理服务所发生的管理费用和其他支出。明确和划分生产性支出和非生产性支出的界限，便于考核生产成本水平，同时也便于严格控制非生产性支出，考核其预算计划的执行情况，控制非生产性支出在总支出中所占比重，以保证生产费用的支出。

（3）明确各项费用支出的年度界限。为了考核各年度费用支出计划的执行情况，以及如实地反映财务状况和经营成果，保证各年度的费用水平和收益分配不受影响，必须明确各项费用支出的年度界限。凡属于当年的费用支出应由当年负担，严禁转入下年或把属于下年负担的费用支出在当年摊销。

（4）明确各项支出与收益分配之间的界限。为了保证集体积累和发展的需要，年终进行收益分配时，必须明确各项支出与收益分配之间的界限，所提取的公积金、应付福利费等属于对当年收益的分配，不是费用支出。

3. 严格执行支出审批制度 在日常经济活动中，必须建立健全支出审批制度。各项成本、费用支出要实行由有关人员审查和批准，未经批准，不准支付。农村集体支出审批一般实行由主管财务的负责人“一支笔”审批制度。对于预算内的日常支出，由财务负责人直接审批，数额较大的支出应经村民委员会集体讨论批准；对于预算外的支出或重大财务事项，须经村民会议或村民代表会议讨论通过；对于按规定报乡（镇）农村经营管理部门审核的支出，要按规定报乡（镇）农村经营管理部门进行审核。

4. 接受群众监督 全面实行民主理财和村财务公开。村民主理财小组要定

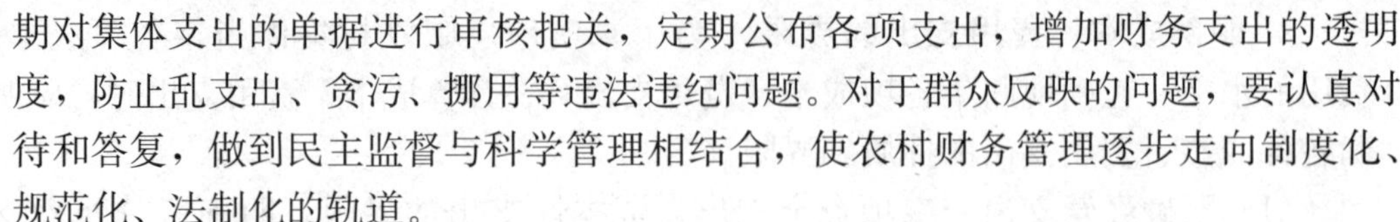

期对集体支出的单据进行审核把关，定期公布各项支出，增加财务支出的透明度，防止乱支出、贪污、挪用等违法违纪问题。对于群众反映的问题，要认真对待和答复，做到民主监督与科学管理相结合，使农村财务管理逐步走向制度化、规范化、法制化的轨道。

三、成本、费用支出的管理

1. 成本管理 农村集体经济组织的成本核算对象主要包括农产品、工业产品和对外提供的劳务。为正确地反映各成本计算对象的成本耗费情况，应按会计制度规定设置成本明细账和成本项目，归集发生的直接成本和间接成本。进行成本核算时，还必须严格划分收益性支出与资本性支出的界限、产品生产成本与期间费用的界限、本期产品与下期产品之间的费用界限、各种产品之间的费用界限、本期完工产品和期末在产品之间的费用界限、农产品和工业产品以及劳务的成本界限。对各项成本的划分，要按照“谁受益，谁负担”的原则，进行成本的分配，正确计算各种产品和劳务的成本。农村集体经济组织应加强对产品成本和劳务成本的核算与管理，控制非生产性支出，努力降低生产中各种耗费，不断挖掘降低产品成本的潜力，提高管理水平。

2. 经营支出管理 对农村集体经济组织经营支出的管理要因地制宜。一般情况下，如农村集体经济组织本身直接经营的项目很少，直接经营支出也很少，可以不必进行分类核算和管理；如果农村集体经济组织直接经营的项目规模较大，支出较多，就需要按经营行业和项目分别核算和管理。在管理中，每年年初要按经营行业和支出项目编制经营支出计划和预算，同时要定期检查计划、预算的执行情况，发现问题及时找出原因，及时采取措施加以改进。对经营支出的管理还必须严格执行配比原则，及时取得经营收入，与经营支出相配比，补偿生产经营中的各种消耗。

3. 严控非生产性支出（管理费用） 农村集体经济组织非生产性支出作为农村集体经济组织财务的重要部分，必须严格实行限额、联审、公开制度，严格按照“三资”管理实施细则进行操作。实行费用预算管理，明确支出标准和支出范围，建立健全支出审批制度，按权限审批，分级审核。积极采取措施堵塞管理中的漏洞，把支出压缩到最低限度。

农村集体经济组织设立非生产性支出明细账，按村（社区）干部报酬、办公费、交通费、伙食费、会议费、报刊费、培训费、考察费等项目进行分类并逐项公开。乡（镇）村账代理中心对非生产性支出进行严格审核，对原始凭证的真实性、有效性、合法性进行严格把关，对手续不齐全、未经审核审批的支出票据坚决不入账列支。

4. 其他费用支出的管理 其他费用支出项目比较繁杂，容易发生支出数额控制不当，无程序、无标准乱支出和不合理支出等漏洞，会影响农村经济的发展和社会的稳定。所以，重视和加强其他费用支出的管理是完全必要的。对其他费用支出的管理也要编制预算，并按支出项目进行分项管理，严格控制其支出，加强监督检查。

学习任务三 收益及其分配的管理

一、收益的构成

农村集体经济组织的收益是指本年度的总收入扣除总支出后的可供分配的收益总额，包括经营收入、补助收入、发包及上交收入、投资收益、其他收入、经营支出、管理费用和其他支出等项目。农村集体经济组织各项资金收入中，有些不能作为收益进行分配，如村公益事业资金收入和“一事一议”筹资收入都是专门用于集体生产公益事业的专项资金，应作为公积金和公益金来处理，不能作为可供分配的收入参加当年的收益分配。

农村集体可分配收益总额构成如下：

收益总额＝经营收益＋补助收入＋其他收入－其他支出

其中

经营收益＝经营收入＋发包及上交收入＋投资收益－经营支出－管理费用

二、收益分配的原则

收益分配是指将本年度实现的收益，在国家、集体和村民之间进行的分配。它直接体现了农村经济中各方面的利益关系，政策性较强，涉及面广。为了调动各方面的积极性，促进农村集体经济的巩固和发展，在收益分配中，必须贯彻以下几项原则：

1. 兼顾各方利益关系 在进行收益分配时，要处理好利益分配中各方的利益关系，这是收益分配的核心问题。农村集体经济组织实现的收益必须依法纳税，纳税后的收益要考虑生产发展和集体福利事业的需要先行分配，然后要在投资者和农户之间进行分配。所以，要特别处理好农村集体经济组织与投资者和农户之间的关系，既要考虑发展和壮大农村集体经济的需要，又要考虑国家和农村集体经济组织、国家和农村集体经济组织成员、农村集体经济组织和成员、投资者和农村集体经济组织，以及农村集体经济组织成员和成员之间的利益。

2. 充分尊重广大村民民主权利 随着农村民主管理的全面展开，农村集体经济组织成员参与管理的权利不断加强。因此，成员对收益分配有权过问、有权参与、有权监督、有权批评。农村集体经济组织的收益分配方案、主要生产项目的承包方法及承包指标在报乡（镇）农村经营管理部门审查后，需经村民会议或村民代表会议讨论通过后执行，同时要将分配情况以及其他账目在村内公开栏公布，自觉接受群众的查询和监督。

3. 兼顾积累和消费的比例关系 积累是为了扩大再生产，而发展生产是为了进一步满足消费的需要。积累和消费两者既有矛盾性，又有统一性。因此，在组织收益分配时，要正确处理好积累和消费的比例关系，要严格执行国家的有关规定，因地制宜，既要考虑当前现实的需求，又要着眼于未来，保证农民消费、农村集体经济组织扩大再生产和发展公益事业的需要。

4. 按劳分配为主与多种分配方式相结合 农村集体经济组织实行以家庭承包经营为基础、统分结合的双层经营体制。因此，在处理村民个人分配问题上必须贯彻以按劳分配为主的原则。此外，随着农村经济体制改革的深入，出现了租赁、拍卖、股份合作、中外合资等多种经济形式和多种经营方式并存的局面。这就需要在坚持按劳分配的同时，根据变化了的客观经济环境采取多种分配方式相结合的方式进行利益分配，以适应农村经济发展的整体和长远利益的需要。

5. 公平与效益优先 我国现行农村经济体制是以家庭承包经营为基础的、统分结合的双层经营体制，其分配方式是承包农户和集体企业的初次分配与农村集体经济组织统一再分配相结合。因此，在收入初次分配中，要体现效益优先的原则，多劳多得；在集体收益再分配中，要坚持公平原则，以效益促进公平，以公平保证效益，做到负担平衡、利益均沾，走共同富裕的道路。

三、收益分配的内容及顺序

农村集体经济组织当年可供分配的收益总额构成公式如下：

当年可供分配的收益总额＝本年度内实现的收益总额＋年初未分配收益

农村集体经济组织当年可供分配的收益总额，要编制年度收益分配预算，如

表 8-3 所示。

表 8-3 年度收益分配预算

项目	收支部分				项目	分配部分			
	上年实际		本年预算			上年实际		本年预算	
	金额（元）	占合计的比例（%）	金额（元）	占合计的比例（%）		金额（元）	占合计的比例（%）	金额（元）	占合计的比例（%）
一、收入合计					三、本年收益				
1. 经营收入					四、年初未分配收益				
2. 发包及上交收入					五、其他转入				
3. 补助收入					六、可分配收益总额				
4. 投资收益					1. 公积公益金				
5. 其他收入					2. 应付福利费				
二、支出合计					3. 外来投资分利				
1. 经营支出					4. 农户分配				
2. 管理费用					5. 其他分配				
3. 其他支出									

农村集体经济组织可供分配的收益一般按以下顺序进行分配：

1. 提取公积金、公益金 公积金是用于发展生产、转增资本和弥补亏损的资金，是壮大集体经济、增强综合服务功能的重要资金来源，也是集体资产的一个重要组成部分。公益金主要用于集体福利等公益性设施建设，包括兴建学校、医疗站、福利院、电影院、幼儿园、自来水设施等。公积金、公益金每年按比例提取后，要做到有计划地使用，专款专用，提取比例也由各村根据实际情况自行确定。

2. 提取福利费 福利费主要用于个人福利、卫生等方面的个人支出，包括照顾军烈属、五保户、困难户支出，计划生育支出，农民因公伤亡的医药费、生活补助及抚恤金等，不包括兴建集体福利等公益设施支出。福利费可用于农民个人福利和救济，不能用于构建公益性设施，不能和公益金相混淆，要保证专款专用。

3. 向投资者分配 向投资者进行收益分配是指按照出资合同、协议和章程的规定，应分配给投资者的收益。

4. 向农户分配 向农户分配是指分配给农户的那部分收益。农村集体经济组织统一经营项目当年实现的收益归全体成员所有，在缴纳国家税金、提取公共积累后，经全体成员同意，可向成员进行收益分配。分配多少、分配的形式由村集体经济组织自行确定，充分体现按劳分配的原则。

5. 其他收益分配 其他收益分配是指上述分配未包括的事项。例如，农村集体经济组织实行自己补贴农业的办法，即按收益的一定比例建立补贴农业基金，用于农业设施建设和农业生产补贴；又如，农村集体经济组织按一定比例提取以丰补歉基金，用于补偿自然灾害对农业生产造成的影响等，从而保证农业有较充足的抗御自然灾害的能力，或者在年景不好、收入降低时用于稳定农户的收入水平。经过上述收益分配后，剩余的收益即为本年的未分配收益，可留待下一年度分配。

四、收益分配的程序及实施

农村集体经济组织的收益分配应按以下程序进行：

（一）分配前的准备工作

1. 全面清查财产 在收益分配方案编制前，农村集体经济组织要对各项财产物资（包括现金、银行存款、有价证券、固定资产、产品物资，以及各项投资和债权债务）进行全面清查核实。清查的结果与账面核对，如有盈亏，要查明原因，明确责任，经讨论批准后，按情况分别做出妥善处理，并对有关账户进行调整，达到账实相符、账款相符、账账相符、账表相符。

2. 搞好承包合同和其他经济合同的结算和兑现 农村集体经济组织对每个承包项目、每个承包单位、每个承包合同都要进行认真检查核实，结算清楚，并要张榜公布，接受广大村民的监督。对于未按规定兑现的，要采取措施抓紧催收；对确有困难和特殊原因一时无法兑清的，要在协商的基础上办理入账手续，金额纳入账内核算；在合同结算过程中遇到的难题，要交村民委员会集体讨论处理，重大问题应交村民会议或村民代表会议讨论处理。

3. 清理和核实全年的收入和支出 农村集体经济组织财务人员应严格按照财务会计制度的规定，认真核实当年的各项收支，划清各项费用界限，凡不应列入当年分配的收支应当予以剔除，对于漏收、漏支的款项要补记入账，严格执行配比原则和权责发生制原则。保证入账手续的真实性、合理性和完整性。对核实的结果要张榜公布，接受监督。

4. 清理和核实债权债务 对各项债权债务要进行清理核对、及时结算和组织催收或偿还，并按规定做好账务处理，以明确债权、偿还债务。对应属于当年可供分配的应计收入和应计支出，应进行结算转账；对集体垫付的水、电、机耕等费用，要与农户进行核对，属于应由农户负担的费用，要分摊到户和及时结算。任何人不得擅自决定应收款项的减免，避免集体资产的流失。

5. 全面清理和核实集体经营用工 用工是支付劳动报酬的依据。在年终收益分配时，对集体各种用工以及应付劳动报酬都要列入收益分配方案，凡属劳动积累工和义务工的，要兑现找补。

6. 民主商定各项收益分配的具体政策 农村集体经济组织应根据财会人员提供的当年财务状况和经营成果及其他会计信息资料，在收益分配问题上正确贯彻执行各方利益兼顾和按劳分配为主等分配原则，通过民主审议确定当年决算分配的各项具体政策。

（二）编制收益分配方案

农村集体经济组织年终收益的分配，是通过编制收益及收益分配表来进行的。收益及收益分配表是反映农村集体经济组织年度内收益实现及收益分配的实际情况的报表，格式和内容如表 8-4 所示。通过收益及收益分配表中的本年收益部分，可以从总体上了解农村集体经济组织收入、本年收益的实现及构成情况，同时还可以分析农村集体经济组织的盈利能力及收益的未来发展趋势。收益既是农村集体经济组织经营成果的综合体现，又是农村集体经济组织进行收益分配的主要依据。通过收益分配表中的收益分配部分，可以了解农村集体经济组织年末对本年度实现收益以及以前年度未分配收益的分配或亏损弥补的情况，以及年末未分配收益的结余数额。

农村集体经济组织收益及收益分配表一般由本年收益和收益分配两大部分组成。左方是本年收益部分，右方是收益分配部分。农村集体经济组织的收益及收益分配表的主要编制步骤和内容如下：

（1）以经营收入为基础，加上发包及上交收入和投资收益，减去经营支出和管理费用，计算出经营收益。

（2）以经营收益为基础，加上补助收入和其他收入，减去其他支出，计算出本年收益（或亏损）。

（3）以本年收益为基础，加上年初未分配收益和按规定由公积公益金弥补亏损等转入的数额，计算出可分配收益。

（4）以可分配收益为基础，减去提取的公积公益金、应付福利费、外来投资分利、农户分配和其他分配等，计算出年末结余的未分配收益。

收益及收益分配表编制完成后，报乡（镇）农村经营管理部门审查，经村民会议或村民代表会议讨论通过后执行。

表 8-4　收益及收益分配表

年度　　村会 02 表

编制单位：　　单位：元

项　目	行次	金额	项　目	行次	金额
本年收益			收益分配		
一、经营收入			四、本年收益		
加：发包及上交收入			加：年初未分配收益		
投资收益			其他转入		
减：经营支出			五、可分配收益		
管理费用			减：1. 提取公积公益金		
二、经营收益			2. 提取福利费		
加：补助收入			3. 外来投资分利		
其他收入			4. 农户分配		
减：其他支出			5. 其他		
三、本年收益			六、年末未分配收益		

（三）组织实施分配兑现

农村集体经济组织编制的收益分配总方案要报送乡（镇）农村经营管理部门审查，重点审查其合法性、合理性、政策性和真实性等方面。审查后，再经村民会议或村民代表会议讨论通过后执行。然后组织各项分配工作，结算兑现。年终收益分配工作结束后，要将收益分配情况在村内张榜公布，接受群众的监督。

单元小结

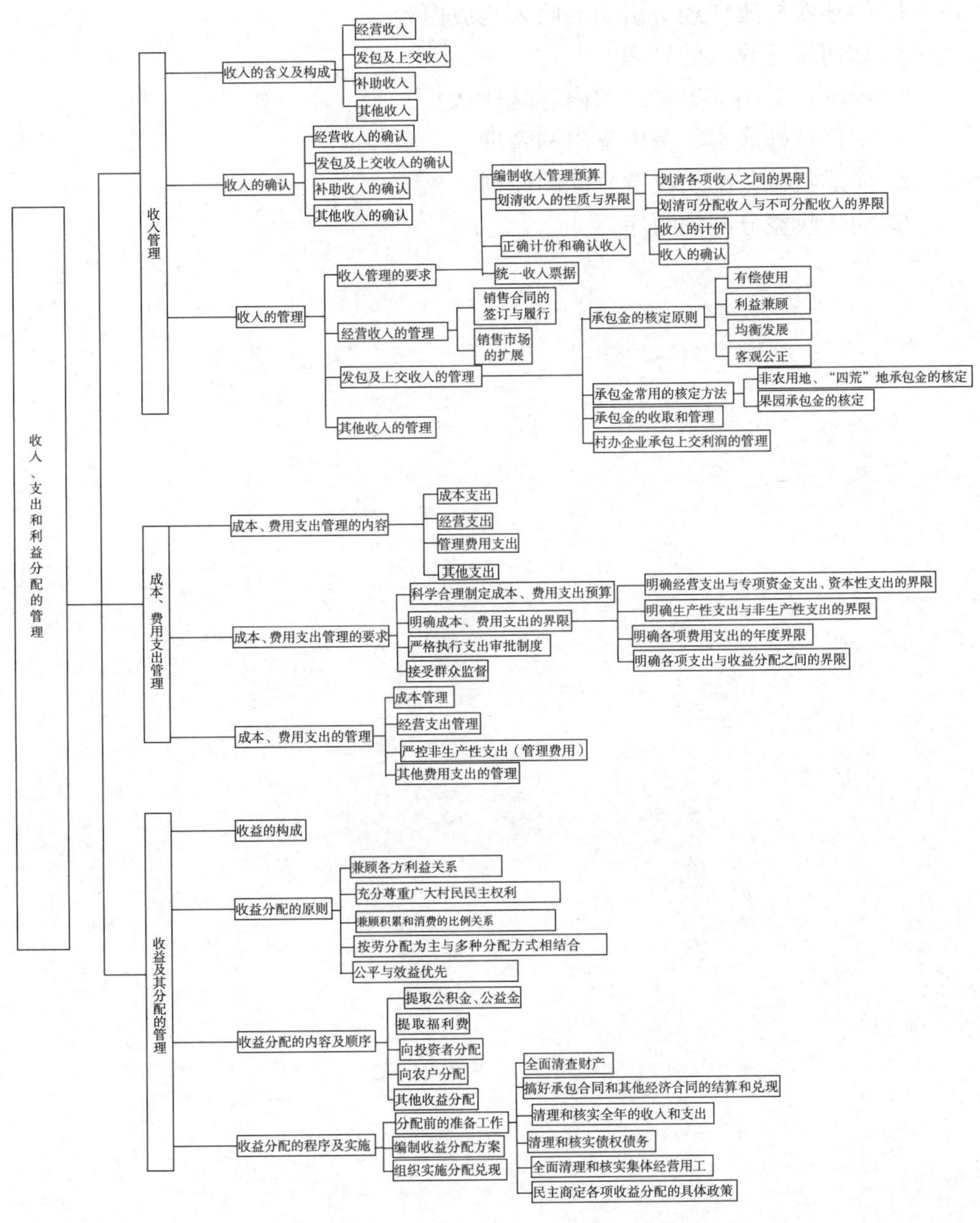
收入、支出和利益分配的管理
收入管理
收入的含义及构成
经营收入
发包及上交收入
补助收入
其他收入
收入的确认
经营收入的确认
发包及上交收入的确认
补助收入的确认
其他收入的确认
收入的管理
收入管理的要求
编制收入管理预算
划清收入的性质与界限
划清各项收入之间的界限
划清可分配收入与不可分配收入的界限
正确计价和确认收入
收入的计价
收入的确认
统一收入票据
经营收入的管理
销售合同的签订与履行
销售市场的扩展
发包及上交收入的管理
承包金的核定原则
有偿使用
利益兼顾
均衡发展
客观公正
承包金常用的核定方法
非农用地、"四荒"地承包金的核定
果园承包金的核定
承包金的收取和管理
村办企业承包上交利润的管理
其他收入的管理
成本、费用支出管理
成本、费用支出管理的内容
成本支出
经营支出
管理费用支出
其他支出
成本、费用支出管理的要求
科学合理制定成本、费用支出预算
明确成本、费用支出的界限
明确经营支出与专项资金支出、资本性支出的界限
明确生产性支出与非生产性支出的界限
明确各项费用支出的年度界限
明确各项支出与收益分配之间的界限
严格执行支出审批制度
接受群众监督
成本、费用支出的管理
成本管理
经营支出管理
严控非生产性支出（管理费用）
其他费用支出的管理
收益及其分配的管理
收益的构成
收益分配的原则
兼顾各方利益关系
充分尊重广大村民民主权利
兼顾积累和消费的比例关系
按劳分配为主与多种分配方式相结合
公平与效益优先
收益分配的内容及顺序
提取公积金、公益金
提取福利费
向投资者分配
向农户分配
其他收益分配
收益分配的程序及实施
分配前的准备工作
全面清查财产
搞好承包合同和其他经济合同的结算和兑现
清理和核实全年的收入和支出
清理和核实债权债务
全面清理和核实集体经营用工
民主商定各项收益分配的具体政策
编制收益分配方案
组织实施分配兑现

思考题

1. 简述农村集体经济组织的收入构成内容。
2. 如何做好收入的管理?
3. 成本、费用支出管理的内容是什么?
4. 如何做好成本、费用支出的管理?
5. 简述收益分配及收益分配的原则。
6. 简述收益分配的顺序。

第九单元
财务公开与民主理财

学习目标

1. 理解财务公开与民主理财的含义及关系
2. 了解实施财务公开与民主理财的意义
3. 掌握村民主理财小组成员的主要职责、权利、义务
4. 掌握如何实施民主理财
5. 掌握农村集体经济组织财务公开的内容
6. 掌握财务公开的具体方法
7. 掌握财务公开的信息反馈方法
8. 掌握如何对财务公开进行实施和监督

学习任务

学习任务一　财务公开与民主理财概述

一、财务公开与民主理财的含义及关系

（一）财务公开与民主理财的含义

财务公开是指农村集体经济组织以一定方式将其财务活动情况及其有关账目，定期如实地向全体村民公布，以接受群众的有效监督。

民主理财是指由村民会议或村民代表会议选举产生的民主理财小组代表村民对本村的一切经济活动和财务运行状况实施民主监督的过程，是组织村民成员参与和监督农村集体经济组织的财务管理，以充分行使村民群众的民主管理权利。

两者尽管含义不同，但在本质上都是民主管理在农村财务管理中的具体体现，是建立健全农村集体经济组织及其运行机制的必然选择。

（二）财务公开与民主理财的关系

财务公开和民主理财是农村基层民主化管理的核心内容。财务公开是财务活动、财务成果及财务收支账目向全体成员的公布；民主理财则是集体成员民主地参与农村财务管理的过程。同时，两者又是统一的。民主理财是财务公开的前提，没有民主理财的公开只能是假公开；财务公开是民主理财的基础，没有财务公开就不可能有完整的民主理财。由此可见，财务公开与民主理财是民主管理的两个方面，财务公开是其检验形式，民主理财是其实质内容，民主理财起着关键的主导作用。民主理财是实行村民自治、推动农村民主政治建设的有效手段，是民主管理、民主监督原则在财务管理工作中的具体体现，其实质是让农村集体经济组织成员参与财务管理，将财务工作置于群众监督之下。在目前乃至今后相当长一段时期内，财务公开作为民主理财的一个主要标志和检验手段，显得更为突出。

二、实施财务公开与民主理财的意义

从目前农村中出现的种种问题看，在村务公开与民主管理工作中，财务较之政务、事务显得更为重要。综观农村上访案件，无论是实际的经济问题，还是群众的怀疑不满，多数是财务问题。其中绝大多数是财务不公开、管理不民主所造成的。由此可见，加强财务公开与民主理财已经成为村务公开与民主管理的迫切任务和重要内容。

对农村政务、事务和财务等实行村务公开与民主管理，一直是我国农村基层组织管理村务的一项基本要求和重要手段。实行村务公开和民主管理，是维护农民群众根本利益的具体体现，是完善村民自治、发展社会主义民主的重要内容，是顺利推进农村改革和发展、加快农村全面建设小康社会进程的必然要求，是促进农村党风廉政建设、密切党群干群关系的有效途径。

实施财务公开与民主理财具有如下的重要意义：

1. 有利于提高农村集体经济组织的财务管理水平 通过财务公开与民主理财，可以及时发现财务管理工作中存在的问题，了解农村集体经济组织的财务计划和资产管理是否科学严格，投资结构是否合理，所签合同是否全部真实、合法有效，执行情况怎样，农民负担方面是否存有问题等。有利于及时提出改进措施，认真贯彻农村集体经济组织的会计核算制度，健全财务管理制度，规范财务行为，使财务管理趋向制度化、规范化。

2. 有利于抑制腐败，强化廉政建设 通过定期进行财务公开与民主理财，可以及时暴露农村集体经济组织中存在的各种违纪问题，使集体财务置于村民群众的监督之下，使村干部的权力受到应有的约束。这样，必然会有效遏制公款吃喝、公费旅游和贪挪公款、侵占公物等现象的滋生，严肃财经纪律，促进廉洁自律，强化廉政建设。

3. 有利于壮大农村集体经济组织实力，加快乡村振兴战略规划的实施以及加速推进全面建设小康社会进程 通过财务公开与民主理财，有利于调动群众当家做主的积极性，增强他们办好集体经济的责任感，努力发展生产，开源节流。一方面，能缩减非生产性支出，增加集体积累和生产投资；另一方面，能调整不合理的投资结构，开发新兴产业，确保集体经济健康快速发展，从而推进乡村振兴战略的实施，加速推进全面建设小康社会进程。

4. 有利于缓和干群关系，促进农村社会的和谐稳定发展 集体财务不清、经济秩序混乱，是造成农村干群矛盾加剧、人心涣散的重要原因，也是妨碍农村社会稳定的一个突出问题。通过财务公开与民主理财，有利于理顺财务关系，维护群众利益，促进农村党风廉政建设，密切党群干群关系，从而促进农村社会和谐稳定发展。

5. 是完善村民自治，发展社会主义民主的重要内容 农村集体经济组织的集体资产，包括土地等重要生产资料和集体积累，属于全体村民共同所有，因此每个村民都有权利、有义务参与和监督集体经济组织的财务管理。通过财务公开与民主理财，就可以确保村民的意愿能够表达出来并被落实，村民的利益和直接行使民主的权利才能受到保障。

三、建立村民主理财小组

（一）村民主理财小组的建立

原农业部、原监察部[①]于2011年11月印发的《农村集体经济组织财务公开规定》第四条规定："村集体经济组织应当建立以群众代表为主组成的民主理财小组，对财务公开活动进行监督。民主理财小组成员由村集体经济组织成员会议或成员代表会议从村务监督机构成员中推选产生，其成员数依村规模和理财工作

① 2018年3月，第十三届全国人民代表大会第一次会议审议通过了国务院机构改革方案的议案。组建农业农村部，不再保留农业部。监察部并入新组建的国家监察委员会，不再保留监察部。

量大小确定，一般为 3 至 5 人；村干部、财会人员及其近亲属不得担任民主理财小组成员。”

村民主理财小组人员的选举产生，必须坚持民主、公开、公正的原则，依法选出符合民意、坚持原则、办事公道正派、勇于维护集体利益的理财人员，真正把村民主理财小组建设成为民主选举、民主管理、民主决策、民主监督的基层群众性组织。民主理财小组成员应由村民会议或村民代表会议选举产生，成员由具有一定的政治觉悟和文化素质、责任心强、在群众中有较高威望的老党员、老干部和年轻村民组成。村民主理财小组的人数可以视村社规模大小、工作任务轻重适当确定，一般由 3～5 人组成，并推选一名负责人，由其负责召集日常理财和联络、协调工作。每届任期三年，可在村民委员会换届后一个月内进行换届选举，任期届满可连选连任。

村民主理财小组要在上级政府和村党支部的指导下开展工作，认真履行职责，实施对村级财务收支和财务制度执行情况的审查监督，及时向村党支部、村民委员会反映村民的意见和要求，充分发挥上下沟通的桥梁作用。

农村集体经济组织的民主理财工作平时主要由民主理财小组开展和实施。有重大事项时，才需要召开村民会议或村民代表会议讨论研究。因此，民主理财小组实际上是实行日常民主监督和民主管理的主体。民主理财小组是由群众民主选举产生的，代表村民对农村集体经济组织的财务公开活动履行监督职责、行使监督权、实行民主管理的监督机构。

（二）村民主理财小组成员的主要职责

村民主理财小组成员必须认真加强政治思想教育，学习国家有关财经纪律法规，提高自身业务素质和法律意识，积极参与县、乡、村举办的业务培训，认真做好对农村集体经济组织财务的监察监督工作。

（1）参加本村各种会议，参与制订财务预算计划，决定分配方案和发展经济项目等重大事项，并监督执行情况。

（2）参与集体投资基建项目的立项、论证、投标及工程验收工作。

（3）参与和监督土地转让、宅基地分配方案的制订和实施工作。

（4）根据村民反映意见，对有关人员财务问题进行取证核实，弄清真相，向群众做出解释或提交上级处理。

（5）监督集体资金流向，盘点存款和审议财务收支数据，并对一切不真实、不符合制度的支出拒绝入账。

（6）监督集体资产管理，监督债权债务的结算及经济合同的签订、兑现工作，防止集体资产流失。

（7）认真做好民主理财的财务收支审查，监督财务人员定期公布账目，接受村民监督。

（三）村民主理财小组的权利

农村集体经济组织民主理财工作要在全面推行农村集体经济组织财务公开制度的前提下，规范有序地进行。农村集体经济组织要建立健全民主理财小组，履行民主监督职责。农村集体经济组织民主理财小组行使下列监督权：

（1）参与制定本集体经济组织的财务计划、财务事项决策和财务管理制度，定期召开民主理财会议，开展民主理财活动。

（2）审核本集体经济组织原始单据、财务账目及相关的经济活动事项，接受本集体经济组织成员委托查阅、审核财务账目，审查集体经济组织支出并签字盖章，否决不合理支出。对否决有异议的，可提交农村集体经济组织成员会议或成员代表会议讨论决定。

（3）监督本集体经济组织负责人和财务人员执行财经纪律情况；监督、检查本集体经济组织财务公开及预算执行情况，向村民会议或村民代表会议报告民主理财情况。

（4）向本集体经济组织提出农村集体经济发展和财务管理方面的意见和建议。

（5）向有关部门反映有关财务情况和财务公开中的问题，配合相关部门做好农村集体经济组织财务审计工作。

农村集体经济组织民主理财小组应当自觉接受村党支部和村务监督机构的工作指导，依法依规履行监督职责，定期向成员会议或成员代表会议汇报民主理财和财务公开监督工作情况，不得徇私舞弊、滥用职权。民主理财小组成员监督不力、怠于履行职责的，成员会议或成员代表会议应当终止其职务。

（四）村民主理财小组的义务

（1）按期召开民主理财会议，制定民主理财章程，开展民主理财活动。

（2）接受本集体经济组织成员委托查阅、审核财务账目。

（3）向本集体经济组织成员会议或成员代表会议报告民主理财情况。

（4）向本集体经济组织提出财务管理方面的意见和建议。

（5）配合农村审计部门作好农村审计工作。

（6）保守本集体经济组织的财务、商业秘密。

四、实施民主理财

实施农村民主理财工作应根据具体事项不同，采用不同的理财形式。

1. 召开村民会议或村民代表会议 农村集体经济组织的重要财务事项，应先报乡（镇）农村经营管理部门审查，经村民会议或村民代表会议讨论通过后执行这些重大财务事项。主要包括以下几个方面：

（1）农村集体经济组织筹集的资金在特殊情况下需要抽走的。

（2）农村集体经济组织的大额借债。

（3）由于债务单位撤销，依照民事诉讼法确实无法追还，或由于债务人死亡，既无遗产可以清偿，又无义务承担人，确实无法收回的应收款项的核销。

（4）大、中型固定资产的变卖和报废处理。

（5）大额对外投资项目。

（6）农村集体经济组织会计人员的任免和调换。

（7）计划外较大的财务支出项目。

（8）主要生产项目的承包办法及承包指标。

（9）农村集体经济组织管理人员工资的数额。

（10）其他重大财务事项。

2. 召开民主理财会议 村民主理财小组应定期召开民主理财会议，认真听取和反映全体成员对农村集体经济组织财务管理工作的意见和建议，与村干部共同讨论农村集体经济组织重大财务问题，协助并监督农村集体经济组织搞好财务管理。

民主理财会议召开的时间间隔可以根据财务管理工作的状况而定。民主理财会议关注重点包括：参与制定各项财务管理制度，参与收益分配方案、公积公益金、福利费的提取和使用，管理人员工资的确定，参与研究决定固定资产的购置、农田基本建设、安排集体福利事业、兴办经济实体的问题，参与农村“一事一议”资金使用等问题。

3. 开展财务检查与监督 村民主理财小组在每月 5 日前都要对上个月农村集体经济组织的财务账目和财产物资进行清查。主要检查财务制度的执行情况，检查会计工作规范情况，检查承包合同及其他经济合同的执行实施情况，检查现金、银行存款、物资、农产品、固定资产等的库存情况。对查出的问题，应根据财务制度和政策规定，提出处理和解决问题的意见。

4. 实行财务公开 农村集体经济组织应以便于群众理解和接受的形式，将其财务活动情况及其有关账目，定期如实地向全体村民公布，接受群众监督。实行村级会计委托代理服务的，代理机构应当按规定及时提供相应的财务公开资料，并指导、帮助、督促农村集体经济组织进行财务公开。农村集体经济组织应当设立固定的村务公开栏，还可以通过有线广播、闭路电视、“明白卡”、村民代表会议等其他形式进行财务公开。规模较大或者居住分散的村，应当在自然村或者村民小组设立村务公开栏。

学习任务二 财务公开的监督

一、财务公开的主要内容

根据原农业部、原监察部于2011年11月印发的《农村集体经济组织财务公开规定》第五条，农村集体经济组织财务公开的内容包括以下几个方面：

1. 财务计划

（1）财务收支计划。

（2）固定资产购置或建设计划。

（3）农业基本建设计划。

（4）公益事业建设及“一事一议”筹资筹劳计划。

（5）集体资产经营与处置、资源开发利用、对外投资等计划。

（6）收益分配计划。

（7）经农村集体经济组织成员会议或者成员代表会议讨论确定的其他财务计划。

2. 各项收入

（1）产品销售收入、租赁收入、服务收入等集体经营收入。

（2）发包及上交收入。

（3）投资收入。

（4）“一事一议”筹资及以资代劳款项。

（5）村级组织运转经费财政补助款项。

（6）上级专项补助款项。

（7）征占土地补偿款项。

（8）救济扶贫款项。

（9）社会捐赠款项。

（10）资产处置收入。

(11) 其他收入。

3. 各项支出

(1) 集体经营支出。

(2) 村组（社）干部报酬。

(3) 报刊费支出。

(4) 办公费、差旅费、会议费、卫生费、治安费等管理费支出。

(5) 集体公益福利支出。

(6) 固定资产购置或建设支出。

(7) 征占土地补偿支出。

(8) 救济扶贫专项支出。

(9) 社会捐赠支出。

(10) 其他支出。

4. 各项资产

(1) 现金及银行存款。

(2) 产品物资。

(3) 固定资产。

(4) 农业资产。

(5) 对外投资。

(6) 其他资产。

5. 各类资源 包括集体所有的耕地、林地、草地、园地、滩涂、水面、“四荒”地、集体建设用地等。

6. 债权债务

(1) 应收单位和个人欠款。

(2) 银行（信用社）贷款。

(3) 欠单位和个人的款项。

(4) 其他债权债务。

7. 收益分配

(1) 收益总额。

(2) 提取公积公益金数额。

(3) 提取福利费数额。

(4) 外来投资分利数额。

(5) 成员分配数额。

(6) 其他分配数额。

8. 其他需要公开的事项 根据《农村集体经济组织财务公开规定》第六条，农村集体经济组织应当按规定的公开内容进行逐项逐笔公开。下列事项应当专项公开：

（1）集体土地征占补偿及分配情况。

（2）集体资产资源发包、租赁、出让、投资及收益（亏损）情况。

（3）集体工程招投标及预决算情况。

（4）“一事一议”筹资筹劳及使用情况。

（5）其他需要进行专项公开的事项。

农村集体经济组织财务至少每季度公开一次；财务往来较多的，收支情况应当每月公开一次。具体公开时间由所在地县级以上农村经营管理部门统一确定。对于多数成员或民主理财小组要求公开的内容，应当及时单独进行公开，涉及集体经济组织及其成员利益的重大事项应当随时公开。

二、财务公开的程序

根据《农村集体经济组织财务公开规定》第九条，农村集体经济组织财务公开内容必须真实可靠。财务公开前，应当由民主理财小组对公开内容的真实性、完整性进行审核，提出审查意见。财务公开资料经农村集体经济组织负责人、民主理财小组负责人和主管会计签字后公开，并报乡（镇）农村经营管理部门备案。

程序规范是切实有效地开展农村财务公开与民主理财的保证。财务公开一般经过以下程序：

1. 村民委员会提出财务公开方案 农村集体经济组织财务人员要对农村集体经济组织的全部财产物资、债权债务及有关账目进行一次全面清查与核实，做到账证相符、账账相符、账实相符、账表相符，为财务公开提供真实正确的数据资料做好充分的准备。在此基础上，搜集和整理财务公开的有关资料，通过计算和汇总，将各类数据填列在各市县有关部门规定的农村财务公开公布表格式中，作为财务公开的方案。

2. 村民主理财小组对方案进行审查、补充、完善 农村集体经济组织在进行财务公开以前，应由民主理财小组对全部财产、债权、债务和有关账目进行一次全面的核实，通过审查账目，对公布内容的完整性、各项数据的真实性、准确性进行核实，如有遗漏，要加以补充和完善。

3. 村党支部和村民委员会联席会议确定方案 经过村民主理财小组和村务

监督机构对财务公开方案进行审查、补充完善后，提交村党支部和村民委员会联席会议确定。之后，财务公开方案的内容还要经乡（镇）农村经营管理部门审核认可，同时要有农村集体经济组织负责人、村民主理财小组负责人和主管会计签字。

4. 公布方案 农村集体经济组织应采用张榜公布和广播、电视、网络、“明白卡”、民主听证会等有效形式及时将已经审批的财务公开方案的具体内容准确无误地向群众公布说明。

5. 总结归档 在以上步骤全部完成后，要由专人［一般是村会计，也可由村民主理财小组成员，实行“双代管”的乡（镇）还可由乡（镇）农村经营管理站人员］负责搜集、整理财务公开过程中所有经过审批的公开资料，并对实施公开的时间、内容、形式、具体承办人员、信息反馈资料、问题处理情况以及本次财务公开工作的经验教训如实记录，形成专门的总结报告，经村民主理财小组审核通过，签字盖章，存入财务档案保存，并报乡（镇）农村经营管理站备案。

三、财务公开的基本方法

（一）财务公开项目资料的搜集整理方法

财务公开前必须搜集、整理有关财务账目资料，根据资料来源不同应采取不同方法。

1. 财务报表法 直接使用经过审批的财务计划表、科目余额表、收支明细表、资产负债表、收益分配表等财务报表，作为财务公开的基本依据予以公开。

2. 原始资料法 对某一或某些财务事项的原始文件、材料或凭证进行搜集、整理，将其作为财务公开的基础依据予以公开。

3. 直接调查法 对主要财产物资或重大财务事项进行专门调查清理，查明原由并照实予以公布。

以上方法在实际工作中应当综合运用。

（二）财务公开的具体公布方法

1. 公开表法 根据已经审核的财务公开资料，填制统一的公开表格（必要时附加说明材料），经村民主理财小组及乡（镇）农村经营管理站审查批准（加盖公章）后印发到每户村民手中，村民审阅后注明意见或建议，签字（盖章）后交给实施公开的具体负责人。财务公开表的格式可由乡（镇）统一制定。这种形式具有公开面广、内容具体、意见反馈及时明了、便于上级检查等优点，但在具体操作中工作量大、易重复、意见反馈易受人为影响。因此，这种形式适宜在人口较少、村党支部和村民委员会班子成员素质较高的村及乡（镇）采用，或者作为其他形式的一种辅助形式采用。

2. 公开栏法 根据已经审核通过的财务公开资料（或财务公开表）填制固定的财务公开栏目，供群众阅览评议。公开栏的具体样式可由乡（镇）农村经营管理站统一设计，可以作为村务公开栏重要组成部分设计，也可单独设计。村民委员会和村民主理财小组负责公开栏、意见箱或举报电话等公开工具的具体设置。公开栏的设置必须本着方便群众、节约开支的原则，选择群众聚居、易于阅览的位置。运用这种方法尽管需要一定的设施建设和人工费用，但具有方便阅览、内容简明、意见反馈比较真实、容易形成统一规范等特点。因此，公开栏法为多数乡（镇）所接受，成为一种最为普遍的公开方法，有的地方已将其作为一种固定形式统一使用。

3. 面对面法 将需要公开的财务事项，通过召开村民会议、村民代表会议或者个别群众座谈等方式予以公布，并当面接受群众评议。这种形式工作量较大，运用范围与内容相对较窄，但对于群众普遍关心的重大财务事项或重要的专项公开内容，面对面法不失为一种财务公开的最直接、最生动的方法。

4. 查询法 由乡（镇）（主要是“双代管”的乡或镇）财会人员在村民主理财小组的监督下，提供所有需要公开的账目资料，由村民根据需要进行查询，并对村民提出的问题做出答复。这种形式兼具公开栏法及面对面法的双重特点，但组织管理比较复杂，占用时间较长，也不便于群众的广泛参与，所以只能作为一种辅助形式。但在实行会计电算化的乡（镇）村开展这种业务就比较方便，甚至可以作为一种主要形式予以推广。

（三）财务公开的信息反馈方法

财务公开资料公之于众后，有关方面不能仅仅被动地接受有关反馈信息，而应主动采取有效措施搜集、整理有关意见和建议，并做出正确的处理与答复。这就需要一些具体的方法。

1. 意见箱法 由村统一设置意见箱，供群众投递意见书。群众意见书可以署名，也可不署名。意见箱钥匙由村民主理财小组长与一位村民委员会成员共同掌握，不得私自开启、销毁隐藏所提意见。将意见书（信）集中整理定期存档，不经民主理财小组 2/3 人员同意，不得销毁。

2. 接待日法 安排专人与一位村民委员会负责人、村会计或村民主理财小组组长，定期接受群众咨询，做出明确答复，做好意见记录与汇总。

3. 意见表法 印制统一的征询意见表，发放到每户村民手中，让群众填写并签字后交村民主理财小组及村民委员会负责人。对所提出意见做出处理后，填写答复意见并由村民主理财小组组长及村委主要负责人签字（盖章），返还给所提意见的群众代表，并交乡（镇）农村经营管理站备案。

四、财务公开的实施和监督

1. 公开的内容要真实、全面 农村集体经济组织财务人员在编制财务公开表时，一定要依据客观实际，真实、准确、完整地反映集体的财务活动和财务状况。要做到：财务公开的内容客观真实，不弄虚作假，不搞形式主义，要让群众了解和掌握真实的情况；公开的内容要全面，凡是群众普遍关心和涉及群众切身利益的项目和内容都要公开；公开的项目要具体、详细，不能只公布总数。例如，资产要分类和按项公开，债权债务要列明债权人或债务人的单位（或个人）名称等，以便让群众明白、清楚。村民主理财小组要依法履行职责，认真审查财务公开的内容是否全面、真实。

2. 公开的时间要及时 农村集体经济组织应在年初公布财务计划；每月或每季度公布一次日常财务收支情况；年度终了后15日内公布各项财务收支、各种财产、债权债务、收益分配、预决算。现金及银行存款应按出纳账原原本本公开；征地款、应收款、应付款、救灾救济款、上级拨款、干部报酬，以及其他重要财务事项、专项经济事项、多数群众或民主理财监督机构要求公开的经济事项，应及时进行专题明细公布。一般的财务事项，至少每季度公开一次；对涉及农民利益的重大财务事项和农民关心的个别财务问题，要随时公开；集体财务往来较多的村，财务收支情况应每月公布一次。平时对于多数村民和民主理财小组要求公开的专项财务活动，农村集体经济组织也应及时单独进行公布；重要的财务活动，应及时逐项逐笔公布。

3. 公开的程序要规范 财务公开的基本程序是村民委员会根据本村实际情况，依照法规和政策的有关要求提出公开的具体方案；村民主理财小组对方案进行审查、补充、完善后，提交村党支部和村民委员会联席会议讨论确定；村民委员会通过财务公开栏等形式及时公布。

4. 公开的形式要具有多样性和连续性 财务公开要坚持实际、实用、实效的原则。设立固定的财务公开栏，作为财务公开的基本形式，同时可以通过广播、电视、“明白卡”等形式进行辅助公开。财务公开应张贴在群众集中聚居地带、主要交通路口等群众方便阅览的地方。财务公开栏的样式由县级农村经营管理部门统一规定。此外，还要设立群众意见箱或意见反馈栏，听取群众意见。根据公开的内容和范围不同可选择适当的形式。对某项公开内容采用的公开形式确定之后，在一定时期内应保持不变，以便于群众熟悉和理解。在有些情况下，一项公开的内容也可同时采用几种公开的形式，以增强公开的力度，便于群众记忆和引起重视。

5. 不断丰富和拓展公开内容 要根据形势的发展变化、农村的实际情况和农民群众的要求，不断丰富和扩展财务公开的内容，逐步实现农村有关经济事务的全方位公开。要结合农村税费改革，重点公开村范围内“一事一议”筹资筹劳等情况；结合清理涉农收费项目工作，对涉农收费进行公示；结合对征用农民集体土地补偿费管理使用情况专项检查，重点公开土地征用补偿及分配情况；结合化解乡村债务，重点公开村级债权债务状况。要推进财务公开事项从办理结果的公开，向事前、事中、事后全过程公开延伸。

6. 公开的效果要让群众满意 农村集体经济组织财务公开后，其主要负责人应安排专门时间，接待群众来访，解答群众提出的问题，听取群众的意见和建议。对群众在财务公开中反映的问题要及时解决；一时难以解决的，要做出解释。不得对提出和反映问题的群众进行压制或打击报复。

村民主理财小组要认真审查公开内容是否全面、真实，公开时间是否及时，公开形式是否科学，公开程序是否规范，并及时向村民会议或村民代表会议报告监督情况。对不履行职责的民主理财小组成员，村民会议或村民代表会议有权罢免其资格。

群众对公布内容有疑问的，可以通过口头或书面形式向村民主理财小组投诉。村民主理财小组对群众反映的问题应当及时进行调查，确有内容遗漏或者不真实的，应督促村民委员会重新公布，也可直接向村党支部、村民委员会询问，村民委员会应在 10 日内予以解释和答复，及时研究和纠正财务管理中存在的问题，提出改进工作的措施，真正做到让群众明白和满意。

乡（镇）、村两级要建立农村集体经济组织财务公开档案管理制度，及时搜集、整理财务公开档案，并妥善保存。财务公开档案应当包括财务公开内容及审查、审核资料，成员意见、建议及处理情况记录等。

单元小结

- 财务公开与民主理财
  - 财务公开与民主理财概述
    - 财务公开与民主理财的含义与关系
      - 财务公开与民主理财的含义
      - 财务公开与民主理财的关系
    - 实施财务公开与民主理财的意义
      - 有利于提高农村集体经济组织的财务管理水平
      - 有利于抑制腐败，强化廉政建设
      - 有利于壮大农村集体经济组织实力，加快乡村振兴战略规划的实施以及加速推进全面建设小康社会进程
      - 有利于缓和干群关系，促进农村社会的和谐稳定发展
      - 是完善村民自治，发展社会主义民主的重要内容
    - 建立村民主理财小组
      - 村民主理财小组的建立
      - 村民主理财小组成员的主要职责
      - 村民主理财小组的权利
      - 村民主理财小组的义务
    - 实施民主理财
      - 召开村民会议或村民代表会议
      - 召开民主理财会议
      - 开展财务检查与监督
      - 实行财务公开
  - 财务公开的监督
    - 财务公开的主要内容
      - 财务计划
      - 各项收入
      - 各项支出
      - 各项资产
      - 各类资源
      - 债权债务
      - 收益分配
      - 其他需要公开的事项
    - 财务公开的程序
      - 村民委员会提出财务公开方案
      - 村民主理财小组对方案进行审查、补充、完善
      - 村党支部和村民委员会联席会议确定方案
      - 公布方案
      - 总结归档
    - 财务公开的基本方法
      - 财务公开项目资料的搜集整理方法
        - 财务报表法
        - 原始资料法
        - 直接调查法
      - 财务公开的具体公布方法
        - 公开表法
        - 公开栏法
        - 面对面法
        - 查询法
      - 财务公开的信息反馈方法
        - 意见箱法
        - 接待日法
        - 意见表法
    - 财务公开的实施和监督
      - 公开的内容要真实、全面
      - 公开的时间要及时
      - 公开的程序要规范
      - 公开的形式要具有多样性和连续性
      - 不断丰富和拓展公开内容
      - 公开的效果要让群众满意

思考题

1. 财务公开与民主理财的含义是什么?
2. 简述实施财务公开与民主理财的意义。
3. 村民主理财小组成员的主要职责、权利、义务分别是什么?
4. 农村集体经济组织财务公开的内容是什么?
5. 财务公开一般经过哪些程序?
6. 财务公开的具体方法是什么?
7. 财务公开的信息反馈方法是什么?
8. 如何对财务公开进行实施和监督?

教学辅导大纲

第一部分　课程说明

一、课程的性质和任务

“农村财务管理”是会计专业开设的专业核心课程，主要以农村集体经济组织的财务活动内容为主线，系统阐述农村集体经济组织的资金筹集管理，投资管理，各类资产、资源的管理，以及收入、支出和收益分配等方面的管理方法。

教材《农村财务管理》是针对中央农业广播电视学校学员的知识结构和水平，在兼顾科学性、针对性和适用性的原则下编写的。教材内容安排做到理论阐述清晰，突出农村财务管理工作的针对性和应用性。通过本教材学习，要求学员能掌握资金筹集管理，投资管理，各类资产、资源的管理，以及收入、支出及收益分配等方面的管理方法，掌握农村集体经济组织财务管理实施民主理财和财务公开的具体做法。

二、教学方法及学习要求

（一）对教师教学建议

“农村财务管理”课程，要在学员学习“基础会计”“财务会计”课程之后开设，学员要具备一定的财务知识，并对后续课程“审计”“财务分析”等课程的学习起重要的基础作用。

“农村财务管理”是一门实践性应用性很强的课程。因此，建议在教学过程中结合农村财务工作的实际，有针对性地选用实际案例进行教学。做到讲、练结合，教、学、做一体化。教学媒体可以多用一些动画、视频对重点、难点问题进行讲解和演示操作说明。有条件的情况下，最好安排学员到农村基层实地走访，了解农村集体经济组织财务活动的实际情况，以便于学员掌握农村财务管理的方法。

（二）对学员学习的建议要求

“农村财务管理”不仅有很强的实用性，同时又有较强的理论性，计算内容较多，且与实践结合紧密。对初学者来说，可能感觉难度较大。因此，要求学员在学习过程中要多阅读财务管理相关参考资料，课后多做一些练习题。同时，建议学员多接触基层财务人员，了解村级集体经济组织的财务活动及财务管理方法及要求等，增强一些感性认识。以加深对财务管理基本理论知识的理解和对基本方法的掌握，从而巩固学习效果。

第二部分　教学内容与要求

第一单元　农村财务管理概述

教学目的：通过本单元的学习，要求学员理解农村财务管理的概念及作用；掌握农村财务管理的内容；熟悉农村集体经济组织的财务关系；掌握农村财务管理的原则及方法。为后续知识与技能的学习奠定基础。

教学内容与要求：

知识点	重要程度	理解难易程度	教学要求	备注
农村财务管理的概念及作用	重点	难	重点讲授	
农村财务管理的内容	重点	难	重点讲授	
农村集体经济组织的财务关系	重点	难	重点讲授	
农村财务管理的原则和方法	相对重点	较难	重点讲授	

第二单元　资金筹集管理

教学目的：通过本单元的学习，要求学员了解资金筹集渠道及资金筹集方式；掌握资金筹集的原则；了解资金需要量的预测方法；能正确计算资金时间价值；能正确计算资金成本。

教学内容与要求：

知识点	重要程度	理解难易程度	教学要求	备注
筹集资金渠道、方式及资金筹集的原则	相对重点	容易	一般讲解	
资金需要量的预测方法	重点	难	重点讲授	技能点
资金时间价值的计算	重点	难	重点讲授	技能点
资金成本的计算	重点	难	重点讲授	技能点

第三单元　流动资产管理

教学目的：通过本单元的学习，要求学员了解流动资产的含义、特点及分类；掌握现金管理、银行存款管理、应收款项管理；熟悉应收款项的作用及形成原因；掌握存货发出的计价方法；掌握存货入库、出库、库存的管理。

教学内容与要求：

知识点	重要程度	理解难易程度	教学要求	备注
流动资产的含义、特点及分类	一般	容易	一般讲解	
货币资金的管理	重点	难	重点讲授	技能点
应收款项的管理	重点	难	重点讲授	技能点
存货管理	重点	难	重点讲授	技能点

第四单元　固定资产管理

教学目的：通过本单元的学习，要求学员了解固定资产的含义及特征；掌握定资产的分类及计价；熟悉固定资产折旧计提的依据及计提的范围；掌握固定资产折旧的计算方法；熟悉固定资产管理。

教学内容与要求：

知识点	重要程度	理解难易程度	教学要求	备注
固定资产的含义及特征	一般	容易	一般讲解	
固定资产的计价	重点	较难	重点讲授	
固定资产折旧的计算	重点	难	重点讲授	技能点
固定资产的管理	重点	难	重点讲授	技能点

第五单元　农业资产管理

教学目的：通过本单元的学习，要求学员了解农业资产的含义及特征；掌握农业资产、牲畜（禽）资产、林木资产的计价；熟悉牲畜（禽）资产、林木资产的含义及分类；掌握牲畜（禽）资产、林木资产的管理；了解林木资产的特点。

教学内容与要求：

知识点	重要程度	理解难易程度	教学要求	备注
农业资产的含义及特征	一般	容易	一般讲解	
农业资产的计价	重点	难	重点讲授	技能点
牲畜（禽）资产管理	重点	难	重点讲授	技能点
林木资产管理	重点	难	重点讲授	技能点

第六单元　农村集体资源管理

教学目的：通过本单元的学习，要求学员理解农村集体资源的含义及特征；掌握农村集体资源的分类；理解加强农村集体资源管理的意义；熟悉农村集体资源管理的原则；掌握农村集体资源管理的内容。

教学内容与要求：

知识点	重要程度	理解难易程度	教学要求	备注
农村集体资源的含义及特征	一般	容易	一般讲解	
农村集体资源的分类	一般	容易	一般讲解	
农村集体资源的管理	重点	难	重点讲授	技能点

第七单元　投资管理

教学目的：通过本单元的学习，要求学员了解投资的含义及意义；知晓项目投资的程序；熟悉项目计算期的构成和项目资金构成内容；了解现金流量的含义及构成；掌握现金流量的内容；掌握现金净流量的分析与计算；掌握项目投资决策的评价方法。

教学内容与要求：

知识点	重要程度	理解难易程度	教学要求	备注
投资的含义、分类及意义	一般	容易	一般讲解	
项目投资的含义、特点及程序	一般	容易	一般讲解	
项目计算期的构成和项目资金构成内容	重点	难	重点讲授	技能点
现金流量分析	重点	难	重点讲授	技能点
项目投资决策的评价方法	重点	难	重点讲授	技能点

第八单元　收入、支出和收益分配管理

教学目的：通过本单元的学习，要求学员了解农村集体经济组织的收入构成内容；掌握各项收入的管理；掌握成本、费用支出管理的内容；掌握成本、费用支出的管理；了解收益的构成及收益分配的原则；了解收益分配的内容与顺序；掌握收益分配的程序及实施。

教学内容与要求：

知识点	重要程度	理解难易程度	教学要求	备注
收入的含义及构成	一般	容易	一般讲解	
收入的确认与管理	重点	难	重点讲授	技能点
成本、费用支出管理	重点	难	重点讲授	技能点
收益及其分配的管理	重点	难	重点讲授	技能点

第九单元　财务公开与民主理财

教学目的：通过本单元的学习，要求学员理解财务公开与民主理财的含义及关系；了解实施财务公开与民主理财的意义；掌握民主理财小组成员的主要职责、权利、义务；掌握如何实施民主理财；掌握农村集体经济组织财务公开的内容；掌握财务公开的具体方法；掌握财务公开的信息反馈方法；掌握如何对财务公开进行实施和监督。

教学内容与要求：

知识点	重要程度	理解难易程度	教学要求	备注
民主理财和财务公开的含义及关系	一般	容易	一般讲解	
建立民主理财小组	一般	容易	一般讲解	
实施民主理财	重点	较难	重点讲授	技能点
财务公开的主要内容与程序	一般	容易	一般讲解	
财务公开的基本方法	重点	较难	重点讲授	技能点
财务公开的实施和监督	重点	较难	重点讲授	技能点

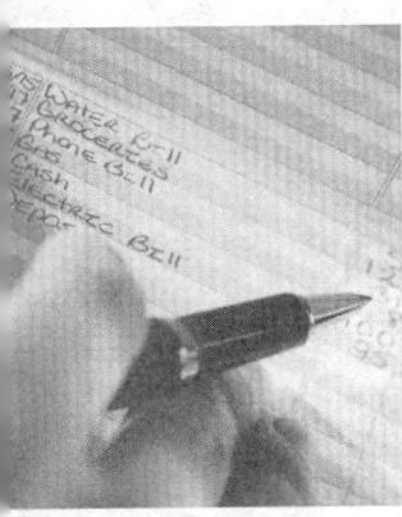

参 考 文 献

财政部，2004. 财政部关于印发《村集体经济组织会计制度》的通知［R/OL］.［2004-09-30］. http://www.mof.gov.cn/mofhome/kjs/zhengwuxinxi/zhengcefabu/200805/t20080522_33568.html.

财政部会计司编写组，2005. 村集体经济组织会计制度讲解［M］. 北京：人民出版社.

《村集体经济组织会计制度及相关法规》编辑组，2005. 村集体经济组织会计制度及相关法规［M］. 北京：中国物资出版社.

胡世强，2007. 农村集体经济组织会计核算实务［M］. 成都：西南财经大学出版社.

李彤，于洁，张存彦，2009. 农村财务管理［M］. 北京：金盾出版社.

刘晓利，2007. 村集体经济组织财务管理［M］. 北京：中国农业出版社.

农业部，2009. 农业部关于进一步加强农村集体资金资产资源管理指导的意见［R/OL］.［2009-06-20］. http://www.moa.gov.cn/nybgb/2009/dliuq/201806/t20180607_6151313.htm.

农业部农村经济体制与经营管理司，2011. 农业部 监察部关于印发《农村集体经济组织财务公开规定》的通知［R/OL］.［2011-11-30］. http://jiuban.moa.gov.cn/zwllm/zcfg/nybgz/201111/t20111130_2419732.htm.

王静，2010. 农村财务管理［M］. 北京：中国社会出版社.

曾培清，2005. 村集体经济组织会计制度操作指南［M］. 北京：经济科学出版社.

附录

附表 1　复利终值系数表

期数	1%	2%	3%	4%	5%	6%	7%	8%	9%	10%	12%
1	1.010 0	1.020 0	1.030 0	1.040 0	1.050 0	1.060 0	1.070 0	1.080 0	1.090 0	1.100 0	1.120 0
2	1.020 1	1.040 4	1.060 9	1.081 6	1.102 5	1.123 6	1.144 9	1.166 4	1.188 1	1.210 0	1.254 4
3	1.030 3	1.061 2	1.092 7	1.124 9	1.157 6	1.191 0	1.225 0	1.259 7	1.295 0	1.331 0	1.404 9
4	1.040 6	1.082 4	1.125 5	1.169 9	1.215 5	1.262 5	1.310 8	1.360 5	1.411 6	1.464 1	1.573 5
5	1.051 0	1.104 1	1.159 3	1.216 7	1.276 3	1.338 2	1.402 6	1.469 3	1.538 6	1.610 5	1.762 3
6	1.061 5	1.126 2	1.194 1	1.265 3	1.340 1	1.418 5	1.500 7	1.586 9	1.677 1	1.771 6	1.973 8
7	1.072 1	1.148 7	1.229 9	1.315 9	1.407 1	1.503 6	1.605 8	1.713 8	1.828 0	1.948 7	2.210 7
8	1.082 9	1.171 7	1.266 8	1.368 6	1.477 5	1.593 8	1.718 2	1.850 9	1.992 6	2.143 6	2.476 0
9	1.093 7	1.195 1	1.304 8	1.423 3	1.551 3	1.689 5	1.838 5	1.999 0	2.171 9	2.357 9	2.773 1
10	1.104 6	1.219 0	1.343 9	1.480 2	1.628 9	1.790 8	1.967 2	2.158 9	2.367 4	2.593 7	3.105 8
11	1.115 7	1.243 4	1.384 2	1.539 5	1.710 3	1.898 3	2.104 9	2.331 6	2.580 4	2.853 1	3.478 5
12	1.126 8	1.268 2	1.425 8	1.601 0	1.795 9	2.012 2	2.252 2	2.518 2	2.812 7	3.138 4	3.896 0
13	1.138 1	1.293 6	1.468 5	1.665 1	1.885 6	2.132 9	2.409 8	2.719 6	3.065 8	3.452 3	4.363 5
14	1.149 5	1.319 5	1.512 6	1.731 7	1.979 9	2.260 9	2.578 5	2.937 2	3.341 7	3.797 5	4.887 1
15	1.161 0	1.345 9	1.558 0	1.800 9	2.078 9	2.396 6	2.759 0	3.172 2	3.642 5	4.177 2	5.473 6
16	1.172 6	1.372 8	1.604 7	1.873 0	2.182 9	2.540 4	2.952 2	3.425 9	3.970 3	4.595 0	6.130 4
17	1.184 3	1.400 2	1.652 8	1.947 9	2.292 0	2.692 8	3.158 8	3.700 0	4.327 6	5.054 5	6.866 0
18	1.196 1	1.428 2	1.702 4	2.025 8	2.406 6	2.854 3	3.379 9	3.996 0	4.717 1	5.559 9	7.690 0
19	1.208 1	1.456 8	1.753 5	2.106 8	2.527 0	3.025 6	3.616 5	4.315 7	5.141 7	6.115 9	8.612 8
20	1.220 2	1.485 9	1.806 1	2.191 1	2.653 3	3.207 1	3.869 7	4.661 0	5.604 4	6.727 5	9.646 3
21	1.232 4	1.515 7	1.860 3	2.278 8	2.786 0	3.399 6	4.140 6	5.033 8	6.108 8	7.400 2	10.803 8
22	1.244 7	1.546 0	1.916 1	2.369 9	2.925 3	3.603 5	4.430 4	5.436 5	6.658 6	8.140 3	12.100 3
23	1.257 2	1.576 9	1.973 6	2.464 7	3.071 5	3.819 7	4.740 5	5.871 5	7.257 9	8.954 3	13.552 3
24	1.269 7	1.608 4	2.032 8	2.563 3	3.225 1	4.048 9	5.072 4	6.341 2	7.911 1	9.849 7	15.178 6
25	1.282 4	1.640 6	2.093 8	2.665 8	3.386 4	4.291 9	5.427 4	6.848 5	8.623 1	10.834 7	17.000 1
26	1.295 3	1.673 4	2.156 6	2.772 5	3.555 7	4.549 4	5.807 4	7.396 4	9.399 2	11.918 2	19.040 1
27	1.308 2	1.706 9	2.221 3	2.883 4	3.733 5	4.822 3	6.213 9	7.988 1	10.245 1	13.110 0	21.324 9
28	1.321 3	1.741 0	2.287 9	2.998 7	3.920 1	5.111 7	6.648 8	8.627 1	11.167 1	14.421 0	23.883 9
29	1.334 5	1.775 8	2.356 6	3.118 7	4.116 1	5.418 4	7.114 3	9.317 3	12.172 2	15.863 1	26.749 9
30	1.347 8	1.811 4	2.427 3	3.243 4	4.321 9	5.743 5	7.612 3	10.062 7	13.267 7	17.449 4	29.959 9
40	1.488 9	2.208 0	3.262 0	4.801 0	7.040 0	10.285 7	14.974 5	21.724 5	31.409 4	45.259 3	93.051 0
50	1.644 6	2.691 6	4.383 9	7.106 7	11.467 4	18.420 2	29.457 0	46.901 6	74.357 5	117.390 9	289.002 2
60	1.816 7	3.281 0	5.891 6	10.519 6	18.679 2	32.987 7	57.946 4	101.257 1	176.031 3	304.481 6	897.596 9

（续）

期数	14%	15%	16%	18%	20%	24%	28%	32%	36%
1	1.140 0	1.150 0	1.160 0	1.180 0	1.200 0	1.240 0	1.280 0	1.320 0	1.360 0
2	1.299 6	1.322 5	1.345 6	1.392 4	1.440 0	1.537 6	1.638 4	1.742 4	1.849 6
3	1.481 5	1.520 9	1.560 9	1.643 0	1.728 0	1.906 6	2.097 2	2.300 0	2.515 5
4	1.689 0	1.749 0	1.810 6	1.938 8	2.073 6	2.364 2	2.684 4	3.036 0	3.421 0
5	1.925 4	2.011 4	2.100 3	2.287 8	2.488 3	2.931 6	3.436 0	4.007 5	4.652 6
6	2.195 0	2.313 1	2.436 4	2.699 6	2.986 0	3.635 2	4.398 0	5.289 9	6.327 5
7	2.502 3	2.660 0	2.826 2	3.185 5	3.583 2	4.507 7	5.629 5	6.982 6	8.605 4
8	2.852 6	3.059 0	3.278 4	3.758 9	4.299 8	5.589 5	7.205 8	9.217 0	11.703 4
9	3.251 9	3.517 9	3.803 0	4.435 5	5.159 8	6.931 0	9.223 4	12.166 5	15.916 6
10	3.707 2	4.045 6	4.411 4	5.233 8	6.191 7	8.594 4	11.805 9	16.059 8	21.646 6
11	4.226 2	4.652 4	5.117 3	6.175 9	7.430 1	10.657 1	15.111 6	21.198 9	29.439 3
12	4.817 9	5.350 3	5.936 0	7.287 6	8.916 1	13.214 8	19.342 8	27.982 5	40.037 5
13	5.492 4	6.152 8	6.885 8	8.599 4	10.699 3	16.386 3	24.758 8	36.937 0	54.451 0
14	6.261 3	7.075 7	7.987 5	10.147 2	12.839 2	20.319 1	31.691 3	48.756 8	74.053 4
15	7.137 9	8.137 1	9.265 5	11.973 7	15.407 0	25.195 6	40.564 8	64.359 0	100.712 6
16	8.137 2	9.357 6	10.748 0	14.129 0	18.488 4	31.242 6	51.923 0	84.953 8	136.969 1
17	9.276 5	10.761 3	12.467 7	16.672 2	22.186 1	38.740 8	66.461 4	112.139 0	186.277 9
18	10.575 2	12.375 5	14.462 5	19.673 3	26.623 3	48.038 6	85.070 6	148.023 5	253.338 0
19	12.055 7	14.231 8	16.776 5	23.214 4	31.948 0	59.567 9	108.890 4	195.391 1	344.539 7
20	13.743 5	16.366 5	19.460 8	27.393 0	38.337 6	73.864 1	139.379 7	257.916 2	468.574 0
21	15.667 6	18.821 5	22.574 5	32.323 8	46.005 1	91.591 5	178.406 0	340.449 4	637.260 6
22	17.861 0	21.644 7	26.186 4	38.142 1	55.206 1	113.573 5	228.359 6	449.393 2	866.674 4
23	20.361 6	24.891 5	30.376 2	45.007 6	66.247 4	140.831 2	292.300 3	593.199 0	1 178.677 2
24	23.212 2	28.625 2	35.236 4	53.109 0	79.496 8	174.630 6	374.144 4	783.022 7	1 603.001 0
25	26.461 9	32.919 0	40.874 2	62.668 6	95.396 2	216.542 0	478.904 9	1 033.590 0	2 180.081 4
26	30.166 6	37.856 8	47.414 1	73.949 0	114.475 5	268.512 1	612.998 2	1 364.338 7	2 964.910 7
27	34.389 9	43.535 3	55.000 4	87.259 8	137.370 6	332.955 0	784.637 7	1 800.927 1	4 032.278 6
28	39.204 5	50.065 6	63.800 4	102.966 6	164.844 7	412.864 2	1 004.336 3	2 377.223 8	5 483.898 8
29	44.693 1	57.575 5	74.008 5	121.500 5	197.813 6	511.951 6	1 285.550 4	3 137.935 4	7 458.102 4
30	50.950 2	66.211 8	85.849 9	143.370 6	237.376 3	634.819 9	1 645.504 6	4 142.074 8	10 143.019 3
40	188.883 5	267.863 5	378.721 2	750.378 3	1 469.771 6	5 455.912 6	19 426.688 9	66 520.767 0	*
50	700.233 0	1 083.657 4	1 670.703 8	3 927.356 9	9 100.438 2	46 890.434 6	*	*	*
60	2 595.918 7	4 383.998 7	7 370.201 4	20 555.140 0	56 347.514 4	*	*	*	*

附表 2　复利现值系数表

期数	1%	2%	3%	4%	5%	6%	7%	8%	9%	10%
1	0.990 1	0.980 4	0.970 9	0.961 5	0.952 4	0.943 4	0.934 6	0.925 9	0.917 4	0.909 1
2	0.980 3	0.961 2	0.942 6	0.924 6	0.907 0	0.890 0	0.873 4	0.857 3	0.841 7	0.826 4
3	0.970 6	0.942 3	0.915 1	0.889 0	0.863 8	0.839 6	0.816 3	0.793 8	0.772 2	0.751 3
4	0.961 0	0.923 8	0.888 5	0.854 8	0.822 7	0.792 1	0.762 9	0.735 0	0.708 4	0.683 0
5	0.951 5	0.905 7	0.862 6	0.821 9	0.783 5	0.747 3	0.713 0	0.680 6	0.649 9	0.620 9
6	0.942 0	0.888 0	0.837 5	0.790 3	0.746 2	0.705 0	0.666 3	0.630 2	0.596 3	0.564 5
7	0.932 7	0.870 6	0.813 1	0.759 9	0.710 7	0.665 1	0.622 7	0.583 5	0.547 0	0.513 2
8	0.923 5	0.853 5	0.789 4	0.730 7	0.676 8	0.627 4	0.582 0	0.540 3	0.501 9	0.466 5
9	0.914 3	0.836 8	0.766 4	0.702 6	0.644 6	0.591 9	0.543 9	0.500 2	0.460 4	0.424 1
10	0.905 3	0.820 3	0.744 1	0.675 6	0.613 9	0.558 4	0.508 3	0.463 2	0.422 4	0.385 5
11	0.896 3	0.804 3	0.722 4	0.649 6	0.584 7	0.526 8	0.475 1	0.428 9	0.387 5	0.350 5
12	0.887 4	0.788 5	0.701 4	0.624 6	0.556 8	0.497 0	0.444 0	0.397 1	0.355 5	0.318 6
13	0.878 7	0.773 0	0.681 0	0.600 6	0.530 3	0.468 8	0.415 0	0.367 7	0.326 2	0.289 7
14	0.870 0	0.757 9	0.661 1	0.577 5	0.505 1	0.442 3	0.387 8	0.340 5	0.299 2	0.263 3
15	0.861 3	0.743 0	0.641 9	0.555 3	0.481 0	0.417 3	0.362 4	0.315 2	0.274 5	0.239 4
16	0.852 8	0.728 4	0.623 2	0.533 9	0.458 1	0.393 6	0.338 7	0.291 9	0.251 9	0.217 6
17	0.844 4	0.714 2	0.605 0	0.513 4	0.436 3	0.371 4	0.316 6	0.270 3	0.231 1	0.197 8
18	0.836 0	0.700 2	0.587 4	0.493 6	0.415 5	0.350 3	0.295 9	0.250 2	0.212 0	0.179 9
19	0.827 7	0.686 4	0.570 3	0.474 6	0.395 7	0.330 5	0.276 5	0.231 7	0.194 5	0.163 5
20	0.819 5	0.673 0	0.553 7	0.456 4	0.376 9	0.311 8	0.258 4	0.214 5	0.178 4	0.148 6
21	0.811 4	0.659 8	0.537 5	0.438 8	0.358 9	0.294 2	0.241 5	0.198 7	0.163 7	0.135 1
22	0.803 4	0.646 8	0.521 9	0.422 0	0.341 8	0.277 5	0.225 7	0.183 9	0.150 2	0.122 8
23	0.795 4	0.634 2	0.506 7	0.405 7	0.325 6	0.261 8	0.210 9	0.170 3	0.137 8	0.111 7
24	0.787 6	0.621 7	0.491 9	0.390 1	0.310 1	0.247 0	0.197 1	0.157 7	0.126 4	0.101 5
25	0.779 8	0.609 5	0.477 6	0.375 1	0.295 3	0.233 0	0.184 2	0.146 0	0.116 0	0.092 3
26	0.772 0	0.597 6	0.463 7	0.360 7	0.281 2	0.219 8	0.172 2	0.135 2	0.106 4	0.083 9
27	0.764 4	0.585 9	0.450 2	0.346 8	0.267 8	0.207 4	0.160 9	0.125 2	0.097 6	0.076 3
28	0.756 8	0.574 4	0.437 1	0.333 5	0.255 1	0.195 6	0.150 4	0.115 9	0.089 5	0.069 3
29	0.749 3	0.563 1	0.424 3	0.320 7	0.242 9	0.184 6	0.140 6	0.107 3	0.082 2	0.063 0
30	0.741 9	0.552 1	0.412 0	0.308 3	0.231 4	0.174 1	0.131 4	0.099 4	0.075 4	0.057 3
35	0.705 9	0.500 0	0.355 4	0.253 4	0.181 3	0.130 1	0.093 7	0.067 6	0.049 0	0.035 6
40	0.671 7	0.452 9	0.306 6	0.208 3	0.142 0	0.097 2	0.066 8	0.046 0	0.031 8	0.022 1
45	0.639 1	0.410 2	0.264 4	0.171 2	0.111 3	0.072 7	0.047 6	0.031 3	0.020 7	0.013 7
50	0.608 0	0.371 5	0.228 1	0.140 7	0.087 2	0.054 3	0.033 9	0.021 3	0.013 4	0.008 5
55	0.578 5	0.336 5	0.196 8	0.115 7	0.068 3	0.040 6	0.024 2	0.014 5	0.008 7	0.005 3

（续）

期数	12%	14%	15%	16%	18%	20%	24%	28%	32%	36%
1	0.892 9	0.877 2	0.869 6	0.862 1	0.847 5	0.833 3	0.806 5	0.781 2	0.757 6	0.735 3
2	0.797 2	0.769 5	0.756 1	0.743 2	0.718 2	0.694 4	0.650 4	0.610 4	0.573 9	0.540 7
3	0.711 8	0.675 0	0.657 5	0.640 7	0.608 6	0.578 7	0.524 5	0.476 8	0.434 8	0.397 5
4	0.635 5	0.592 1	0.571 8	0.552 3	0.515 8	0.482 3	0.423 0	0.372 5	0.329 4	0.292 3
5	0.567 4	0.519 4	0.497 2	0.476 1	0.437 1	0.401 9	0.341 1	0.291 0	0.249 5	0.214 9
6	0.506 6	0.455 6	0.432 3	0.410 4	0.370 4	0.334 9	0.275 1	0.227 4	0.189 0	0.158 0
7	0.452 3	0.399 6	0.375 9	0.353 8	0.313 9	0.279 1	0.221 8	0.177 6	0.143 2	0.116 2
8	0.403 9	0.350 6	0.326 9	0.305 0	0.266 0	0.232 6	0.178 9	0.138 8	0.108 5	0.085 4
9	0.360 6	0.307 5	0.284 3	0.263 0	0.225 5	0.193 8	0.144 3	0.108 4	0.082 2	0.062 8
10	0.322 0	0.269 7	0.247 2	0.226 7	0.191 1	0.161 5	0.116 4	0.084 7	0.062 3	0.046 2
11	0.287 5	0.236 6	0.214 9	0.195 4	0.161 9	0.134 6	0.093 8	0.066 2	0.047 2	0.034 0
12	0.256 7	0.207 6	0.186 9	0.168 5	0.137 2	0.112 2	0.075 7	0.051 7	0.035 7	0.025 0
13	0.229 2	0.182 1	0.162 5	0.145 2	0.116 3	0.093 5	0.061 0	0.040 4	0.027 1	0.018 4
14	0.204 6	0.159 7	0.141 3	0.125 2	0.098 5	0.077 9	0.049 2	0.031 6	0.020 5	0.013 5
15	0.182 7	0.140 1	0.122 9	0.107 9	0.083 5	0.064 9	0.039 7	0.024 7	0.015 5	0.009 9
16	0.163 1	0.122 9	0.106 9	0.093 0	0.070 8	0.054 1	0.032 0	0.019 3	0.011 8	0.007 3
17	0.145 6	0.107 8	0.092 9	0.080 2	0.060 0	0.045 1	0.025 8	0.015 0	0.008 9	0.005 4
18	0.130 0	0.094 6	0.080 8	0.069 1	0.050 8	0.037 6	0.020 8	0.011 8	0.006 8	0.003 9
19	0.116 1	0.082 9	0.070 3	0.059 6	0.043 1	0.031 3	0.016 8	0.009 2	0.005 1	0.002 9
20	0.103 7	0.072 8	0.061 1	0.051 4	0.036 5	0.026 1	0.013 5	0.007 2	0.003 9	0.002 1
21	0.092 6	0.063 8	0.053 1	0.044 3	0.030 9	0.021 7	0.010 9	0.005 6	0.002 9	0.001 6
22	0.082 6	0.056 0	0.046 2	0.038 2	0.026 2	0.018 1	0.008 8	0.004 4	0.002 2	0.001 2
23	0.073 8	0.049 1	0.040 2	0.032 9	0.022 2	0.015 1	0.007 1	0.003 4	0.001 7	0.000 8
24	0.065 9	0.043 1	0.034 9	0.028 4	0.018 8	0.012 6	0.005 7	0.002 7	0.001 3	0.000 6
25	0.058 8	0.037 8	0.030 4	0.024 5	0.016 0	0.010 5	0.004 6	0.002 1	0.001 0	0.000 5
26	0.052 5	0.033 1	0.026 4	0.021 1	0.013 5	0.008 7	0.003 7	0.001 6	0.000 7	0.000 3
27	0.046 9	0.029 1	0.023 0	0.018 2	0.011 5	0.007 3	0.003 0	0.001 3	0.000 6	0.000 2
28	0.041 9	0.025 5	0.020 0	0.015 7	0.009 7	0.006 1	0.002 4	0.001 0	0.000 4	0.000 2
29	0.037 4	0.022 4	0.017 4	0.013 5	0.008 2	0.005 1	0.002 0	0.000 8	0.000 3	0.000 1
30	0.033 4	0.019 6	0.015 1	0.011 6	0.007 0	0.004 2	0.001 6	0.000 6	0.000 2	0.000 1
35	0.018 9	0.010 2	0.007 5	0.005 5	0.003 0	0.001 7	0.000 5	0.000 2	0.000 1	*
40	0.010 7	0.005 3	0.003 7	0.002 6	0.001 3	0.000 7	0.000 2	0.000 1	*	*
45	0.006 1	0.002 7	0.001 9	0.001 3	0.000 6	0.000 3	0.000 1	*	*	*
50	0.003 5	0.001 4	0.000 9	0.000 6	0.000 3	0.000 1	*	*	*	*
55	0.002 0	0.000 7	0.000 5	0.000 3	0.000 1	*	*	*	*	*

附表 3　年金终值系数表

期数	1%	2%	3%	4%	5%	6%	7%	8%	9%	10%
1	1.000 0	1.000 0	1.000 0	1.000 0	1.000 0	1.000 0	1.000 0	1.000 0	1.000 0	1.000 0
2	2.010 0	2.020 0	2.030 0	2.040 0	2.050 0	2.060 0	2.070 0	2.080 0	2.090 0	2.100 0
3	3.030 1	3.060 4	3.090 9	3.121 6	3.152 5	3.183 6	3.214 9	3.246 4	3.278 1	3.310 0
4	4.060 4	4.121 6	4.183 6	4.246 5	4.310 1	4.374 6	4.439 9	4.506 1	4.573 1	4.641 0
5	5.101 0	5.204 0	5.309 1	5.416 3	5.525 6	5.637 1	5.750 7	5.866 6	5.984 7	6.105 1
6	6.152 0	6.308 1	6.468 4	6.633 0	6.801 9	6.975 3	7.153 3	7.335 9	7.523 3	7.715 6
7	7.213 5	7.434 3	7.662 5	7.898 3	8.142 0	8.393 8	8.654 0	8.922 8	9.200 4	9.487 2
8	8.285 7	8.583 0	8.892 3	9.214 2	9.549 1	9.897 5	10.259 8	10.636 6	11.028 5	11.435 9
9	9.368 5	9.754 6	10.159 1	10.582 8	11.026 6	11.491 3	11.978 0	12.487 6	13.021 0	13.579 5
10	10.462 2	10.949 7	11.463 9	12.006 1	12.577 9	13.180 8	13.816 4	14.486 6	15.192 9	15.937 4
11	11.566 8	12.168 7	12.807 8	13.486 4	14.206 8	14.971 6	15.783 6	16.645 5	17.560 3	18.531 2
12	12.682 5	13.412 1	14.192 0	15.025 8	15.917 1	16.869 9	17.888 5	18.977 1	20.140 7	21.384 3
13	13.809 3	14.680 3	15.617 8	16.626 8	17.713 0	18.882 1	20.140 6	21.495 3	22.953 4	24.522 7
14	14.947 4	15.973 9	17.086 3	18.291 9	19.598 6	21.015 1	22.550 5	24.214 9	26.019 2	27.975 0
15	16.096 9	17.293 4	18.598 9	20.023 6	21.578 6	23.276 0	25.129 0	27.152 1	29.360 9	31.772 5
16	17.257 9	18.639 3	20.156 9	21.824 5	23.657 5	25.672 5	27.888 1	30.324 3	33.003 4	35.949 7
17	18.430 4	20.012 1	21.761 6	23.697 5	25.840 4	28.212 9	30.840 2	33.750 2	36.973 7	40.544 7
18	19.614 7	21.412 3	23.414 4	25.645 4	28.132 4	30.905 7	33.999 0	37.450 2	41.301 3	45.599 2
19	20.810 9	22.840 6	25.116 9	27.671 2	30.539 0	33.760 0	37.379 0	41.446 3	46.018 5	51.159 1
20	22.019 0	24.297 4	26.870 4	29.778 1	33.066 0	36.785 6	40.995 5	45.762 0	51.160 1	57.275 0
21	23.239 2	25.783 3	28.676 5	31.969 2	35.719 3	39.992 7	44.865 2	50.422 9	56.764 5	64.002 5
22	24.471 6	27.299 0	30.536 8	34.248 0	38.505 2	43.392 3	49.005 7	55.456 8	62.873 3	71.402 7
23	25.716 3	28.845 0	32.452 9	36.617 9	41.430 5	46.995 8	53.436 1	60.893 3	69.531 9	79.543 0
24	26.973 5	30.421 9	34.426 5	39.082 6	44.502 0	50.815 6	58.176 7	66.764 8	76.789 8	88.497 3
25	28.243 2	32.030 3	36.459 3	41.645 9	47.727 1	54.864 5	63.249 0	73.105 9	84.700 9	98.347 1
26	29.525 6	33.670 9	38.553 0	44.311 7	51.113 5	59.156 4	68.676 5	79.954 4	93.324 0	109.181 8
27	30.820 9	35.344 3	40.709 6	47.084 2	54.669 1	63.705 8	74.483 8	87.350 8	102.723 1	121.099 9
28	32.129 1	37.051 2	42.930 9	49.967 6	58.402 6	68.528 1	80.697 7	95.338 8	112.968 2	134.209 9
29	33.450 4	38.792 2	45.218 9	52.966 3	62.322 7	73.639 8	87.346 5	103.965 9	124.135 4	148.630 9
30	34.784 9	40.568 1	47.575 4	56.084 9	66.438 8	79.058 2	94.460 8	113.283 2	136.307 5	164.494 0
40	48.886 4	60.402 0	75.401 3	95.025 5	120.799 8	154.762 0	199.635 1	259.056 5	337.882 4	442.592 6
50	64.463 2	84.579 4	112.796 9	152.667 1	209.348 0	290.335 9	406.528 9	573.770 2	815.083 6	1 163.908 5
60	81.669 7	114.051 5	163.053 4	237.990 7	353.583 7	533.128 2	813.520 4	1 253.213 3	1 944.792 1	3 034.816 4

（续）

期数	12%	14%	15%	16%	18%	20%	24%	28%	32%	36%
1	1.000 0	1.000 0	1.000 0	1.000 0	1.000 0	1.000 0	1.000 0	1.000 0	1.000 0	1.000 0
2	2.120 0	2.140 0	2.150 0	2.160 0	2.180 0	2.200 0	2.240 0	2.280 0	2.320 0	2.360 0
3	3.374 4	3.439 6	3.472 5	3.505 6	3.572 4	3.640 0	3.777 6	3.918 4	4.062 4	4.209 6
4	4.779 3	4.921 1	4.993 4	5.066 5	5.215 4	5.368 0	5.684 2	6.015 6	6.362 4	6.725 1
5	6.352 8	6.610 1	6.742 4	6.877 1	7.154 2	7.441 6	8.048 4	8.699 9	9.398 3	10.146 1
6	8.115 2	8.535 5	8.753 7	8.977 5	9.442 0	9.929 9	10.980 1	12.135 9	13.405 8	14.798 7
7	10.089 0	10.730 5	11.066 8	11.413 9	12.141 5	12.915 9	14.615 3	16.533 9	18.695 6	21.126 2
8	12.299 7	13.232 8	13.726 8	14.240 1	15.327 0	16.499 1	19.122 9	22.163 4	25.678 2	29.731 6
9	14.775 7	16.085 3	16.785 8	17.518 5	19.085 9	20.798 9	24.712 5	29.369 2	34.895 3	41.435 0
10	17.548 7	19.337 3	20.303 7	21.321 5	23.521 3	25.958 7	31.643 4	38.592 6	47.061 8	57.351 6
11	20.654 6	23.044 5	24.349 3	25.732 9	28.755 1	32.150 4	40.237 9	50.398 5	63.121 5	78.998 2
12	24.133 1	27.270 7	29.001 7	30.850 2	34.931 1	39.580 5	50.895 0	65.510 0	84.320 4	108.437 5
13	28.029 1	32.088 7	34.351 9	36.786 2	42.218 7	48.496 6	64.109 7	84.852 9	112.303 0	148.475 0
14	32.392 6	37.581 1	40.504 7	43.672 0	50.818 0	59.195 9	80.496 1	109.611 7	149.239 9	202.926 0
15	37.279 7	43.842 4	47.580 4	51.659 5	60.965 3	72.035 1	100.815 1	141.302 9	197.996 7	276.979 3
16	42.753 3	50.980 4	55.717 5	60.925 0	72.939 0	87.442 1	126.010 8	181.867 7	262.355 7	377.691 9
17	48.883 7	59.117 6	65.075 1	71.673 0	87.068 0	105.930 6	157.253 4	233.790 7	347.309 5	514.661 0
18	55.749 7	68.394 1	75.836 4	84.140 7	103.740 3	128.116 7	195.994 2	300.252 1	459.448 5	700.938 9
19	63.439 7	78.969 2	88.211 8	98.603 2	123.413 5	154.740 0	244.032 8	385.322 7	607.472 1	954.276 9
20	72.052 4	91.024 9	102.443 6	115.379 7	146.628 0	186.688 0	303.600 6	494.213 1	802.863 1	1 298.816 6
21	81.698 7	104.768 4	118.810 1	134.840 5	174.021 0	225.025 6	377.464 8	633.592 7	1 060.779 3	1 767.390 6
22	92.502 6	120.436 0	137.631 6	157.415 0	206.344 8	271.030 7	469.056 3	811.998 7	1 401.228 7	2 404.651 2
23	104.602 9	138.297 0	159.276 4	183.601 4	244.486 8	326.236 9	582.629 8	1 040.358 3	1 850.621 9	3 271.325 6
24	118.155 2	158.658 6	184.167 8	213.977 6	289.494 5	392.484 2	723.461 0	1 332.658 6	2 443.820 9	4 450.002 9
25	133.333 9	181.870 8	212.793 0	249.214 0	342.603 5	471.981 1	898.091 6	1 706.803 1	3 226.843 6	6 053.003 9
26	150.333 9	208.332 7	245.712 0	290.088 3	405.272 1	567.377 3	1 114.633 6	2 185.707 9	4 260.433 6	8 233.085 3
27	169.374 0	238.499 3	283.568 8	337.502 4	479.221 1	681.852 8	1 383.145 7	2 798.706 1	5 624.772 3	11 197.996 0
28	190.698 9	272.889 2	327.104 1	392.502 8	566.480 9	819.223 3	1 716.100 7	3 583.343 8	7 425.699 4	15 230.274 5
29	214.582 8	312.093 7	377.169 7	456.303 2	669.447 5	984.068 0	2 128.964 8	4 587.680 1	9 802.923 3	20 714.173 4
30	241.332 7	356.786 8	434.745 1	530.311 7	790.948 0	1 181.881 6	2 640.916 4	5 873.230 6	12 940.858 7	28 172.275 8
40	767.091 4	1 342.025 1	1 779.090 3	2 360.757 2	4 163.213 0	7 343.857 8	22 728.802 6	69 377.460 4	*	*
50	2 400.018 2	4 994.521 3	7 217.716 3	10 435.648 8	21 813.093 7	45 497.190 8	*	*	*	*
60	7 471.641 1	18 535.133 3	29 219.991 6	46 057.508 5	*	*	*	*	*	*

附表 4　年金现值系数表

期数	1%	2%	3%	4%	5%	6%	7%	8%	9%
1	0.990 1	0.980 4	0.970 9	0.961 5	0.952 4	0.943 4	0.934 6	0.925 9	0.917 4
2	1.970 4	1.941 6	1.913 5	1.886 1	1.859 4	1.833 4	1.808 0	1.783 3	1.759 1
3	2.941 0	2.883 9	2.828 6	2.775 1	2.723 2	2.673 0	2.624 3	2.577 1	2.531 3
4	3.902 0	3.807 7	3.717 1	3.629 9	3.546 0	3.465 1	3.387 2	3.312 1	3.239 7
5	4.853 4	4.713 5	4.579 7	4.451 8	4.329 5	4.212 4	4.100 2	3.992 7	3.889 7
6	5.795 5	5.601 4	5.417 2	5.242 1	5.075 7	4.917 3	4.766 5	4.622 9	4.485 9
7	6.728 2	6.472 0	6.230 3	6.002 1	5.786 4	5.582 4	5.389 3	5.206 4	5.033 0
8	7.651 7	7.325 5	7.019 7	6.732 7	6.463 2	6.209 8	5.971 3	5.746 6	5.534 8
9	8.566 0	8.162 2	7.786 1	7.435 3	7.107 8	6.801 7	6.515 2	6.246 9	5.995 2
10	9.471 3	8.982 6	8.530 2	8.110 9	7.721 7	7.360 1	7.023 6	6.710 1	6.417 7
11	10.367 6	9.786 8	9.252 6	8.760 5	8.306 4	7.886 9	7.498 7	7.139 0	6.805 2
12	11.255 1	10.575 3	9.954 0	9.385 1	8.863 3	8.383 8	7.942 7	7.536 1	7.160 7
13	12.133 7	11.348 4	10.635 0	9.985 6	9.393 6	8.852 7	8.357 7	7.903 8	7.486 9
14	13.003 7	12.106 2	11.296 1	10.563 1	9.898 6	9.295 0	8.745 5	8.244 2	7.786 2
15	13.865 1	12.849 3	11.937 9	11.118 4	10.379 7	9.712 2	9.107 9	8.559 5	8.060 7
16	14.717 9	13.577 7	12.561 1	11.652 3	10.837 8	10.105 9	9.446 6	8.851 4	8.312 6
17	15.562 3	14.291 9	13.166 1	12.165 7	11.274 1	10.477 3	9.763 2	9.121 6	8.543 6
18	16.398 3	14.992 0	13.753 5	12.659 3	11.689 6	10.827 6	10.059 1	9.371 9	8.755 6
19	17.226 0	15.678 5	14.323 8	13.133 9	12.085 3	11.158 1	10.335 6	9.603 6	8.950 1
20	18.045 6	16.351 4	14.877 5	13.590 3	12.462 2	11.469 9	10.594 0	9.818 1	9.128 5
21	18.857 0	17.011 2	15.415 0	14.029 2	12.821 2	11.764 1	10.835 5	10.016 8	9.292 2
22	19.660 4	17.658 0	15.936 9	14.451 1	13.163 0	12.041 6	11.061 2	10.200 7	9.442 4
23	20.455 8	18.292 2	16.443 6	14.856 8	13.488 6	12.303 4	11.272 2	10.371 1	9.580 2
24	21.243 4	18.913 9	16.935 5	15.247 0	13.798 6	12.550 4	11.469 3	10.528 8	9.706 6
25	22.023 2	19.523 5	17.413 1	15.622 1	14.093 9	12.783 4	11.653 6	10.674 8	9.822 6
26	22.795 2	20.121 0	17.876 8	15.982 8	14.375 2	13.003 2	11.825 8	10.810 0	9.929 0
27	23.559 6	20.706 9	18.327 0	16.329 6	14.643 0	13.210 5	11.986 7	10.935 2	10.026 6
28	24.316 4	21.281 3	18.764 1	16.663 1	14.898 1	13.406 2	12.137 1	11.051 1	10.116 1
29	25.065 8	21.844 4	19.188 5	16.983 7	15.141 1	13.590 7	12.277 7	11.158 4	10.198 3
30	25.807 7	22.396 5	19.600 4	17.292 0	15.372 5	13.764 8	12.409 0	11.257 8	10.273 7
35	29.408 6	24.998 6	21.487 2	18.664 6	16.374 2	14.498 2	12.947 7	11.654 6	10.566 8
40	32.834 7	27.355 5	23.114 8	19.792 8	17.159 1	15.046 3	13.331 7	11.924 6	10.757 4
45	36.094 5	29.490 2	24.518 7	20.720 0	17.774 1	15.455 8	13.605 5	12.108 4	10.881 2
50	39.196 1	31.423 6	25.729 8	21.482 2	18.255 9	15.761 9	13.800 7	12.233 5	10.961 7
55	42.147 2	33.174 8	26.774 4	22.108 6	18.633 5	15.990 5	13.939 9	12.318 6	11.014 0

（续）

期数	10%	12%	14%	15%	16%	18%	20%	24%	28%	32%
1	0.909 1	0.892 9	0.877 2	0.869 6	0.862 1	0.847 5	0.833 3	0.806 5	0.781 2	0.757 6
2	1.735 5	1.690 1	1.646 7	1.625 7	1.605 2	1.565 6	1.527 8	1.456 8	1.391 6	1.331 5
3	2.486 9	2.401 8	2.321 6	2.283 2	2.245 9	2.174 3	2.106 5	1.981 3	1.868 4	1.766 3
4	3.169 9	3.037 3	2.913 7	2.855 0	2.798 2	2.690 1	2.588 7	2.404 3	2.241 0	2.095 7
5	3.790 8	3.604 8	3.433 1	3.352 2	3.274 3	3.127 2	2.990 6	2.745 4	2.532 0	2.345 2
6	4.355 3	4.111 4	3.888 7	3.784 5	3.684 7	3.497 6	3.325 5	3.020 5	2.759 4	2.534 2
7	4.868 4	4.563 8	4.288 3	4.160 4	4.038 6	3.811 5	3.604 6	3.242 3	2.937 0	2.677 5
8	5.334 9	4.967 6	4.638 9	4.487 3	4.343 6	4.077 6	3.837 2	3.421 2	3.075 8	2.786 0
9	5.759 0	5.328 2	4.946 4	4.771 6	4.606 5	4.303 0	4.031 0	3.565 5	3.184 2	2.868 1
10	6.144 6	5.650 2	5.216 1	5.018 8	4.833 2	4.494 1	4.192 5	3.681 9	3.268 9	2.930 4
11	6.495 1	5.937 7	5.452 7	5.233 7	5.028 6	4.656 0	4.327 1	3.775 7	3.335 1	2.977 6
12	6.813 7	6.194 4	5.660 3	5.420 6	5.197 1	4.793 2	4.439 2	3.851 4	3.386 8	3.013 3
13	7.103 4	6.423 5	5.842 4	5.583 1	5.342 3	4.909 5	4.532 7	3.912 4	3.427 2	3.040 4
14	7.366 7	6.628 2	6.002 1	5.724 5	5.467 5	5.008 1	4.610 6	3.961 6	3.458 7	3.060 9
15	7.606 1	6.810 9	6.142 2	5.847 4	5.575 5	5.091 6	4.675 5	4.001 3	3.483 4	3.076 4
16	7.823 7	6.974 0	6.265 1	5.954 2	5.668 5	5.162 4	4.729 6	4.033 3	3.502 6	3.088 2
17	8.021 6	7.119 6	6.372 9	6.047 2	5.748 7	5.222 3	4.774 6	4.059 1	3.517 7	3.097 1
18	8.201 4	7.249 7	6.467 4	6.128 0	5.817 8	5.273 2	4.812 2	4.079 9	3.529 4	3.103 9
19	8.364 9	7.365 8	6.550 4	6.198 2	5.877 5	5.316 2	4.843 5	4.096 7	3.538 6	3.109 0
20	8.513 6	7.469 4	6.623 1	6.259 3	5.928 8	5.352 7	4.869 6	4.110 3	3.545 8	3.112 9
21	8.648 7	7.562 0	6.687 0	6.312 5	5.973 1	5.383 7	4.891 3	4.121 2	3.551 4	3.115 8
22	8.771 5	7.644 6	6.742 9	6.358 7	6.011 3	5.409 9	4.909 4	4.130 0	3.555 8	3.118 0
23	8.883 2	7.718 4	6.792 1	6.398 8	6.044 2	5.432 1	4.924 5	4.137 1	3.559 2	3.119 7
24	8.984 7	7.784 3	6.835 1	6.433 8	6.072 6	5.450 9	4.937 1	4.142 8	3.561 9	3.121 0
25	9.077 0	7.843 1	6.872 9	6.464 1	6.097 1	5.466 9	4.947 6	4.147 4	3.564 0	3.122 0
26	9.160 9	7.895 7	6.906 1	6.490 6	6.118 2	5.480 4	4.956 3	4.151 1	3.565 6	3.122 7
27	9.237 2	7.942 6	6.935 2	6.513 5	6.136 4	5.491 9	4.963 6	4.154 2	3.566 9	3.123 3
28	9.306 6	7.984 4	6.960 7	6.533 5	6.152 0	5.501 6	4.969 7	4.156 6	3.567 9	3.123 7
29	9.369 6	8.021 8	6.983 0	6.550 9	6.165 6	5.509 8	4.974 7	4.158 5	3.568 7	3.124 0
30	9.426 9	8.055 2	7.002 7	6.566 0	6.177 2	5.516 8	4.978 9	4.160 1	3.569 3	3.124 2
35	9.644 2	8.175 5	7.070 0	6.616 6	6.215 3	5.538 6	4.991 5	4.164 4	3.570 8	3.124 8
40	9.779 1	8.243 8	7.105 0	6.641 8	6.233 5	5.548 2	4.996 6	4.165 9	3.571 2	3.125 0
45	9.862 8	8.282 5	7.123 2	6.654 3	6.242 1	5.552 3	4.998 6	4.166 4	3.571 4	3.125 0
50	9.914 8	8.304 5	7.132 7	6.660 5	6.246 3	5.554 1	4.999 5	4.166 6	3.571 4	3.125 0
55	9.947 1	8.317 0	7.137 6	6.663 6	6.248 2	5.554 9	4.999 8	4.166 6	3.571 4	3.125 0

图书在版编目（CIP）数据

农村财务管理/中央农业广播电视学校组编．—北京：中国农业出版社，2019.5（2023.9 重印）
农业农村部新型职业农民培育规划教材
ISBN 978-7-109-25282-0

Ⅰ.①农…　Ⅱ.①中…　Ⅲ.①农村－财务管理－中国－技术培训－教材　Ⅳ.①F322

中国版本图书馆 CIP 数据核字（2019）第 037803 号

中国农业出版社出版
（北京市朝阳区麦子店街 18 号楼）
（邮政编码 100125）
责任编辑　高　原
文字编辑　蔡雪青

中农印务有限公司印刷　　新华书店北京发行所发行
2019 年 5 月第 1 版　　2023 年 9 月北京第 3 次印刷

开本：720mm×960mm　1/16　　印张：9.5
字数：170 千字
定价：24.00 元